CÉLÉBRER LA MISÉRICORDE

MamE

Traduction : Père Didier Duverne

Direction : Guillaume Arnaud
Direction éditoriale : David Gabillet
Édition : Charlotte Walckenaer

Direction artistique : Élisabeth Hebert
Conception graphique : Bleuenn Auffret

Mise en pages : Text'oh - Dole

Direction de fabrication : Thierry Dubus
Fabrication : Audrey Bord

15/27 rue Moussorgski, 75895 Paris Cedex 18
www.mameeditions.com

ISBN : 978-2-7289-2234-5
MDS : 531 569

Conseil pontifical pour la promotion
de la nouvelle évangélisation

CÉLÉBRER LA MISÉRICORDE

JUBILÉ DE LA MISÉRICORDE

TEXTE OFFICIEL

MISÉRICORDIEUX COMME LE PÈRE

MAME

PRÉSENTATION

« Nous avons toujours besoin de contempler le mystère de la miséricorde. Elle est source de joie, de sérénité et de paix. Elle est la condition de notre salut[1]. » Le pape François ne pouvait pas s'exprimer plus clairement pour dire la valeur de la miséricorde dans la vie de l'Église et de chaque croyant. Contempler la miséricorde, c'est la découvrir imprimée sur le visage du Christ, réellement présent dans le mystère de l'Eucharistie. Chaque fois que l'Église célèbre les sacrements, elle rend vivante et présente la miséricorde du Père qui agit à travers le Fils et transforme le cœur des violents ; et elle fait de la matière des sacrements la grâce efficace pour notre salut.

---

1. Pape François, *Misericordiae Vultus*, bulle d'indiction du Jubilé extraordinaire de la Miséricorde (ci-après *MV*), 2, 11 avril 2015.

Elle est l'œuvre de l'Esprit Saint qui fortifie ce qui est faible à travers la puissance transformatrice de son agir.

Le Jubilé de la Miséricorde est d'abord une célébration. Les signes qui l'accompagnent atteignent leur sommet dans la célébration liturgique où l'Église entière prie et vit intensément le mystère de son existence comme communion. Cet ouvrage est une aide pour célébrer la miséricorde, il prend place parmi les moyens pastoraux nécessaires pour se préparer à vivre ce Jubilé extraordinaire. Le Conseil pontifical pour la promotion de la nouvelle évangélisation remercie tout particulièrement le père Silvano M. Maggiani, o.s.m., pour avoir coordonné les différentes parties de cet ouvrage pastoral. Nous sommes également reconnaissants au père Pietro Angelo Muroni et à monseigneur Angelo Lameri pour leur apport déterminant qui nous permet d'avoir entre les mains un instrument pour nous aider à célébrer l'Année sainte.

Nous sommes convaincus que la réflexion et l'adaptation de ces indications aux divers contextes culturels et ecclésiaux permettront la participation active des fidèles.

Ainsi célébrée, la miséricorde sera plus aisément vécue et annoncée comme reflet de la miséricorde du Père.

✠ Rino Fisichella
Président du Conseil pontifical
pour la promotion de la nouvelle évangélisation

INTRODUCTION

Célébrer le Jubilé

L'histoire de l'Église est marquée par plusieurs jubilés voulus par les successeurs de Pierre. Parmi les rites qui accompagnent le Jubilé, y compris dans l'histoire récente, les célébrations liturgiques, aussi bien de l'Église de Rome, présidées par son évêque, que celles de l'Église universelle répandue sur la terre, guidées par le pasteur propre de chaque diocèse répandu sur la terre, sont d'une importance fondamentale. C'est dans cet esprit universel que le Saint-Père François a voulu que, le 13 décembre, troisième dimanche de l'Avent[1], « dans chaque Église particulière,

1. L'Année jubilaire s'ouvre auparavant, dans la basilique Saint-Pierre de Rome, le 8 décembre 2015, en la solennité de l'Immaculée Conception, par le rite d'ouverture de la Porte sainte ou Porte de la Miséricorde.

dans la cathédrale, qui est l'église-mère pour tous les fidèles, ou bien dans la co-cathédrale ou dans une église d'importance particulière, une Porte de la Miséricorde soit également ouverte pendant toute l'Année sainte. Au choix de l'ordinaire du lieu, elle pourra aussi être ouverte dans les sanctuaires où affluent tant de pèlerins qui, dans ces lieux, ont le cœur touché par la grâce et trouvent le chemin de la conversion. Chaque Église particulière est donc directement invitée à vivre cette Année sainte comme un moment extraordinaire de grâce et de renouveau spirituel. Ainsi, le Jubilé sera célébré à Rome, de même que dans les Églises particulières, comme signe visible de la communion de toute l'Église » (*MV,* 3).

À partir de ce commencement solennel de l'Année sainte dans les diocèses, chaque Église particulière et chaque communauté se mettra en état de vivre ce Jubilé, spécialement du point de vue liturgique, comme « un moment extraordinaire de grâce et de renouveau spirituel » (*MV,* 3) pour tout le peuple de Dieu. Ceci ne pourra se produire que sur les bases des efforts faits pour que les célébrations, leur déroulement, leur simplicité et leur beauté, en lien avec l'année liturgique C, soient perméables à l'amour miséricordieux et à la sollicitude du Père des cieux, qui, dans le Fils et par l'Esprit, « veut que tous les hommes soient sauvés et parviennent à la pleine connaissance de la vérité » (1 Tm 2, 4).

Comme le rappelle le pape François dans la bulle *Misericordiae Vultus* : « Il y a des moments où nous sommes appelés de façon encore plus pressante à fixer notre regard sur la miséricorde, afin de devenir, nous aussi, signe efficace de l'agir du Père » (*MV,* 3). La célébration liturgique est un moment privilégié pour apercevoir et se laisser attirer par le visage miséricordieux du Père.

Cet ouvrage veut être une aide auprès des communautés diocésaines et religieuses, les paroisses et les sanctuaires, par des suggestions destinées à ce que nos célébrations puissent répandre la miséricorde du Père.

I
L'ANNÉE LITURGIQUE

C'est autour de l'année liturgique que gravite toute l'activité pastorale et liturgique de l'Église. On la mettra en valeur dans les communautés à travers la qualité des liturgies[1]. Les célébrations de l'Année jubilaire doivent être en harmonie avec l'année liturgique C, au cours de laquelle se déroule l'Année sainte. On soignera particulièrement le dimanche, le jour du Seigneur, où toute l'Église célèbre le mystère de la mort et de la résurrection du Christ, ainsi que le cycle de Noël et celui de Pâques. À partir de la célébration, « le dimanche doit également donner aux fidèles l'occasion de se consacrer aux œuvres de miséricorde, de charité et d'apostolat.

1. Cf. Paul VI, Constitution sur la Sainte Liturgie *Sacrosanctum Concilium* (1963), 102.

La participation intérieure à la joie du Christ ressuscité doit pousser aussi à partager pleinement l'amour qui anime son cœur : il n'y a pas de joie sans amour ! Jésus lui-même l'explique, lorsqu'il met en rapport le "commandement nouveau" avec la joie qu'il donne : "Si vous gardez mes commandements, vous demeurerez en mon amour, comme moi j'ai gardé les commandements de mon Père et je demeure en son amour. Je vous dis cela pour que ma joie soit en vous et que votre joie soit complète. Voici quel est mon commandement : vous aimer les uns les autres comme je vous ai aimés" (Jn 15, 10-12). L'Eucharistie dominicale invite les fidèles à exercer leurs devoirs de charité, mais elle les engage au contraire "à pratiquer toutes les œuvres de charité, de piété et d'apostolat, afin de rendre manifeste par ces œuvres que, tout en n'étant pas du monde, les chrétiens sont cependant la lumière du monde et qu'ils rendent gloire au Père devant les hommes[1]". »

1. Jean Paul II, Lettre apostolique *Dies Domini* (1998), 69.

Le Carême

Le Carême est le temps privilégié où l'Église est appelée à montrer de façon plus claire le visage miséricordieux du Père, surtout à l'occasion des liturgies pénitentielles et de la célébration du sacrement de Pénitence et de Réconciliation. C'est pourquoi l'initiative appelée « 24 heures pour le Seigneur », des vendredi 4 et samedi 5 mars, s'étend à toutes les communautés, en particulier les paroisses, les sanctuaires et les églises les plus fréquentées. À la basilique Saint-Pierre, cette célébration aura lieu le vendredi 4 mars au cours d'une liturgie pénitentielle.

D'autres moments peuvent également être privilégiés au cours de ce temps, comme, par exemple, la célébration d'une liturgie de la Parole. À ce propos, le Saint-Père recommande : « Puisse le Carême de cette Année jubilaire être vécu plus intensément comme un temps fort pour célébrer et expérimenter la miséricorde de Dieu. Combien de pages de l'Écriture peuvent être méditées pendant les semaines du Carême, pour redécouvrir le visage miséricordieux du Père ! » (*MV,* 17). À ce propos, on pourra se référer au volume *Les Paraboles de la Miséricorde,* publié par le Conseil pontifical pour la promotion de la nouvelle évangélisation.

Le cycle des lectures des messes de Carême a été établi en tenant compte des caractéristiques propres à ce temps, à savoir la coloration baptismale et pénitentielle. Cette Année sainte de la Miséricorde suit le parcours de Carême du lectionnaire de l'année C, orienté vers la pénitence. Au cours de cette année, nous sommes invités à avancer sur un chemin de conversion qui nous conduira à Pâques, le plus grand événement de la réconciliation avec le Père. Particulièrement dans l'homélie, mais aussi dans le soin apporté aux monitions et à la prière des fidèles, les pasteurs et leurs collaborateurs aideront les assemblées à entrer dans le mystère de la miséricorde du Père, célébré dans le sacrifice de son Fils. On pourra aussi s'aider du *Directoire homilétique* publié récemment par la Congrégation pour le culte divin et la discipline des sacrements (2014).

Avec le récit des tentations de Jésus au désert (cf. Lc 4, 1-13), le premier dimanche, le peuple de Dieu sera plus particulièrement appelé à vivre le Carême comme chemin de « conversion ecclésiale », à travers l'écoute de la Parole, la prière et le jeûne. Le deuxième dimanche, le récit de la Transfiguration (cf. Lc 9, 28-36) invite les chrétiens à renforcer leur foi dans le mystère de la mort et de la résurrection du Christ, afin d'adhérer fidèlement à l'Alliance, à la volonté de Dieu, et d'être de véritables disciples du Christ. Dans la parabole du figuier desséché, le troisième dimanche (cf. Lc 13, 1-9), chacun sera encouragé à dépasser la dureté du cœur, pour qu'en accueillant la Parole de Dieu et en laissant place à l'Esprit, il soit capable de porter un fruit de conversion véritable et durable. La parabole du Père miséricordieux du quatrième dimanche (cf. Lc 15, 1-3.11-32) constitue le sommet de ce chemin du Carême de l'Année jubilaire : reconnaître Dieu comme un Père bon et généreux en pardon, dont l'amour accueille à bras ouverts tous les enfants qui se repentent, pour les vêtir du salut, les faire participer à la joie du banquet pascal, et leur redonner leur dignité royale de fils de Dieu.

Le passage sur la femme adultère le cinquième dimanche de Carême[1] (cf. Jn 8, 1-11) appelle tous les baptisés à s'ouvrir au

1. S'il y a des catéchumènes dans la paroisse, on utilise les lectures de l'année A.

pardon inconditionnel de Dieu qui renouvelle toutes choses dans le Christ.

Au cours de ce temps, il y aura d'autres occasions, par exemple dans des liturgies de la Parole, pour orienter l'itinéraire catéchétique vers la Réconciliation : le Baptême et la Pénitence sont les deux fondements du chemin du Carême.

Dans le *Rituel de l'initiation chrétienne des adultes,* le temps du Carême est aussi appelé le temps de la purification et de l'illumination : « C'est dans la liturgie et par la catéchèse de ce temps, par le rappel ou la préparation du baptême et par la pénitence que le Carême rénove la communauté des fidèles en même temps que les catéchumènes et les dispose à faire mémoire du mystère pascal. Celui-ci s'actualise pour chacun dans les sacrements de l'initiation[1]. » Avant la célébration de l'« Appel décisif », les catéchumènes doivent avoir vécu une conversion du cœur et du mode de vie, avoir une connaissance suffisante de la doctrine chrétienne, un vrai sens de la foi et de la charité. Pendant ce temps (le Carême), la préparation se fait plus spirituelle que caté-

1. Congrégation pour le culte divin et la discipline des sacrements, *Rituel de l'Initiation chrétienne des adultes*, ci-après *RI* (1997), 126.

chétique (cf. *RI,* 147). Elle veut aider à la purification du cœur et de l'intelligence, à travers une révision de sa vie et la pénitence, et à l'illumination par une connaissance plus profonde du Christ Sauveur. Tout ceci se réalise dans ces rites, spécialement les scrutins et les traditions (cf. *RI,* 148). Ces rites doivent être particulièrement soignés pour qu'ils soient « le signe de la sollicitude maternelle de l'Église à l'égard du peuple de Dieu, pour qu'il entre en profondeur dans la richesse de ce mystère aussi fondamental pour la foi » (*MV,* 18).

La Semaine sainte et le Temps pascal

En cette Année sainte, il faudra tout particulièrement soigner la préparation des célébrations de la Semaine sainte et du *Triduum* pascal. À travers la valorisation du langage liturgique, fait de paroles, de signes, de symboles et de gestes, et spécialement de la vénération de la Croix le Vendredi saint, c'est tout le mystère d'amour et de justification du Père qui apparaît, dans le sacrifice du Fils en faveur de toute l'humanité. Le sommet de ces célébrations est bien sûr la veillée pascale, à travers la célébration de la lumière et le récit de l'histoire du salut dans la liturgie de la Parole et dans la célébration des sacrements, qui donnent à voir la sollicitude du Père à l'égard de ses enfants. À l'occasion de la Semaine sainte et du Temps pascal, les pasteurs ne manqueront pas de mettre en évidence l'image du Père qui a sauvé et qui continue de sauver. Il a manifesté sa miséricorde à l'égard d'Israël, son peuple, et aujourd'hui encore il ne se lasse pas de montrer son visage de miséricorde à ceux qui accueillent le don de la foi dans les eaux du baptême.

La fête de la Croix glorieuse

La Croix fut, durant plusieurs siècles, le signe du plus terrible des supplices, et d'une certaine façon, elle l'est encore. Combien de chrétiens, jusqu'à nos jours, offrent leur vie dans le martyre au nom de la Croix. En cette Année sainte, la Croix revêt une signification particulière, surtout sur ces terres et dans ces Églises qui subissent aujourd'hui violence et oppression à cause de la foi dans le Christ mort et ressuscité. Pour un chrétien en effet, l'arbre de la Croix a été greffé sur l'arbre de la justice et de la paix, qui est le Christ lui-même, pour devenir arbre de vie, trône, lit nuptial, autel de la nouvelle Alliance. C'est du Christ, nouvel Adam endormi sur la Croix, qu'a surgi l'admirable sacrement de l'Église tout entière. La Croix est le signe de la seigneurie du Christ sur ceux qui, par le Baptême, lui sont configurés dans sa mort et sa gloire (cf. Rm 6,5). Dans la tradition des Pères, elle est le signe du Fils de l'homme qui paraîtra à la fin des temps (cf. Mt 24,30), mais elle est aussi le signe de la grande miséricorde du Père, qui, par amour de l'humanité, offre le Fils en victime d'expiation des péchés des hommes. C'est pourquoi elle est le signe de référence de l'Année sainte. La fête de la Croix glorieuse, comparée en Orient à celle de Pâques, mérite d'être célébrée solennellement, en la centrant sur le mystère d'amour et de rédemption qu'est la Croix du Christ : « Tu as attaché au bois de la croix le salut du genre humain, pour que la vie surgisse à nouveau d'un arbre qui donnait la mort, et que l'ennemi, victorieux par le bois, fût lui-même vaincu sur le bois[1]. »

Dans chacune des communautés, il sera opportun que la croix du sanctuaire, spécialement en cette fête et pendant l'année liturgique, soit mise en valeur dans le respect des

1. *Missel romain*, Préface de la fête de la Croix glorieuse.

normes, dans l'intention qu'elle devienne le signe éminent de la miséricorde de Dieu et de la victoire du Christ sur la mort et ainsi un point de focalisation pour la prière communautaire ou personnelle.

La solennité du Sacré-Cœur de Jésus

Le vendredi qui suit le deuxième dimanche après la Pentecôte, le 3 juin en cette Année jubilaire, l'Église célèbre la solennité du Sacré-Cœur de Jésus. À partir des références bibliques, cette solennité désigne le mystère du Christ, tout son être, sa personne dans ce qu'elle a de plus intime et de plus essentiel : Fils de Dieu, Sagesse incréée, Principe de salut et de sanctification pour toute la communauté. Le « Cœur de Jésus », c'est le Christ, Verbe incarné et Sauveur, tout entier orienté, dans l'Esprit, avec un amour infini à la fois humain et divin, vers le Père et vers les hommes, ses frères. Le « Cœur de Jésus » est donc le siège de la miséricorde du Père, qui a ouvert les trésors infinis de son amour et de son indulgence vis-à-vis des hommes. Cette fête, chère à la piété populaire, a besoin d'être célébrée avec une solennité particulière en cette Année sainte, en invitant le peuple de Dieu à vivre dans un esprit de conversion et de réparation, d'amour et de gratitude envers celui qui guide nos cœurs dans l'amour et la patience du Christ, d'engagement missionnaire et de consécration au Christ et à son œuvre de salut. C'est pourquoi « le Siège apostolique et les évêques la recommandent et en promeuvent le renouveau dans ses expressions linguistiques et iconographiques, dans la prise de conscience de ses racines bibliques et de sa relation avec les principales vérités de la foi, et dans l'affirmation du primat de l'amour envers Dieu et le prochain, en tant que contenu essentiel de la dévotion elle-même[1]. »

Le Saint-Père François, en cette solennité au cours du Jubilé extraordinaire, et à l'occasion des cent soixante ans de l'institution de cette fête par Pie IX en 1856, a voulu déposer tous les prêtres dans le Cœur du Christ. Il convient donc que, dans chaque diocèse et dans chaque communauté, on institue ce jour-là des moments de prière pour les prêtres, premiers dispensateurs de la miséricorde

1. Congrégation pour le culte divin et la discipline des sacrements, *Directoire sur la piété populaire et la liturgie* (2001), 172.

divine, mais également bénéficiaires de l'indulgence du Père. Quelques intentions dans la prière des fidèles, au cours des laudes ou des vêpres, peuvent être consacrées aux prêtres. En ce jour, dans les cathédrales, on pourra vivre un moment de prière prolongé ou d'adoration eucharistique pour les ministres ordonnés, auquel pourront prendre part aussi bien les laïcs que les prêtres des diocèses concernés. Le moment choisi pour ce temps de prière devra faciliter la participation du peuple de Dieu et des prêtres.

On ne doit pas non plus oublier dans les diocèses la prière pour les fidèles des instituts de vie consacrée, masculins et féminins, qui célèbrent l'Année de la vie consacrée jusqu'au 2 février 2016. Ce jour-là, l'évêque diocésain pourra réunir, dans sa cathédrale, tous les membres des différents instituts pour l'eucharistie ouverte par la procession de la lumière et marquée par le rappel de leur consécration à Dieu bon et miséricordieux.

II
LA CÉLÉBRATION DES SACREMENTS

Les pasteurs et les ministres en général doivent veiller, dans la célébration des sacrements, à ce que transparaissent dans les paroles et les gestes suggérés par la liturgie, la miséricorde et la sollicitude du Père pour chacun de ses enfants, telles qu'exprimées par le don de la grâce sacramentelle. Cette dimension est davantage présente dans certains sacrements.

Baptême, Réconciliation, Onction des malades

L'attention se porte évidemment, en plus de l'Eucharistie, sur la célébration du Baptême, de la Réconciliation, de l'Onction des malades.

S'agissant du premier, à travers un parcours mystagogique d'initiation aux signes du rituel du Baptême, on soulignera combien cette régénération, « porte » de tous les sacrements, introduit dans la vie sacramentelle de l'Église, et revêt l'homme de l'image de Dieu, que le chrétien devra conserver sans tache jusque dans la vie éternelle.

Au cours de l'Année sainte de la Miséricorde, le sacrement de la Réconciliation est d'une extrême importance. On pourra se référer à l'ouvrage *La Confession, sacrement de la Miséricorde,* publié par le Conseil pontifical pour la promotion de la nouvelle évangélisation.

Dans l'Onction des malades, donnée avec sollicitude à ceux qui se préparent à la rencontre définitive avec le Père, on mettra l'accent sur la dimension d'espérance et d'attente de la vision béatifique de Dieu, qui n'est pas venu pour condamner mais pour pardonner.

L'Eucharistie

L'Eucharistie, « source et sommet » de la vie de l'Église, l'est encore davantage en regard de toutes les activités de cette Année sainte extraordinaire. Elle est le centre de la vie sacramentelle, et « *consummatio vitae spiritualis et omnium sacramentorum finis*[1] », comme l'enseigne saint Thomas. C'est ici qu'est consommé le pardon, reçu dans le sacrement de la Réconciliation, avec la communion au Corps et au Sang du Christ dans toute la communauté des baptisés.

« Dans l'Eucharistie, le Christ donne ce corps même qu'il a livré pour nous sur la Croix, le sang même qu'il a "répandu pour une multitude en rémission des péchés" (Mt 26, 28) », en perpétuant son mémorial jusqu'à la fin du monde (cf. 1 Co 11, 23), et appliquant son efficacité salvifique à la rémission de nos péchés quotidiens (cf. *Catéchisme de l'Église catholique,* 1365-1366).

L'Eucharistie et le sacrement de la Réconciliation sont en étroite relation. « Si l'Eucharistie rend présent le sacrifice rédempteur de la Croix, le perpétuant sacramentellement, cela signifie que de ce sacrement découle une exigence continuelle de conversion, de réponse personnelle à l'exhortation adressée par saint Paul aux chrétiens de Corinthe :

1. « La consommation de la vie spirituelle et la fin de tous les sacrements » (Saint Thomas d'Aquin, *Somme théologique*, III, q. 73, a. 3).

“Au nom du Christ, nous vous le demandons : laissez-vous réconcilier avec Dieu” (2 Co 5, 20). Si le chrétien a sur la conscience le poids d’un péché grave, l’itinéraire de pénitence, à travers le sacrement de la Réconciliation, devient le passage obligé pour accéder à la pleine participation au sacrifice eucharistique[1]. »

Dans tous les diocèses et communautés, on veillera à ce que la célébration de la messe soit soignée dans son aspect liturgique (signes, symboles, gestes), afin de favoriser une participation consciente, active et fructueuse de tout le peuple de Dieu. Les occasions ne manqueront pas, au cours de cette année, de rassembler dans les célébrations liturgiques le peuple de Dieu dans ses différentes composantes – enfants, jeunes, adultes, anciens, handicapés, prisonniers – faisant en sorte que chacun puisse se sentir touché par la miséricorde de Dieu, émanant de la célébration. Qu’en chaque diocèse, suivant le calendrier général du Jubilé, on propose des initiatives et des célébrations qui rassemblent dans la prière, l’ensemble du peuple de Dieu.

1. Jean Paul II, Lettre encyclique *Ecclesia de Eucharistia* (2003), ci-après *EE*), 37.

Il est important qu'on prenne un soin particulier de ceux qui habitent les périphéries de nos paroisses, surtout ceux qui s'en sont éloignés pour divers motifs. On cherchera à faire parvenir également à eux le message que Dieu est le Père de tous et qu'il est en attente de tous pour qu'ils deviennent bénéficiaires de l'« indulgence du Père » (*MV*, 22) et soient par lui embrassés de telle sorte qu'ils soient pleinement réhabilités dans l'héritage des enfants de Dieu.

Le rite pénitentiel

On mettra en relief la préparation pénitentielle prévue dans le *Rite d'introduction* de la messe, en utilisant et en valorisant les trois formes prévues selon la célébration et le temps liturgique. C'est ici que l'assemblée demande pardon à Dieu pour ses péchés. On doit vivre ce moment dans le calme, en donnant aux fidèles le temps d'un bref silence afin qu'ils se reconnaissent pécheurs, confiants dans l'infinie miséricorde de Dieu. La préparation pénitentielle est conclue par l'absolution du célébrant. On rappellera au peuple qu'elle n'a pas la même valeur que dans le sacrement de la Réconciliation[1] mais qu'elle y prépare.

Le dimanche, et spécialement durant le Temps pascal, on peut remplacer la préparation pénitentielle ordinaire par la bénédiction et l'aspersion d'eau en mémoire du Baptême, suivant le rite prévu dans le *Missel* (cf. *PGMR*, 52). Ce geste permettra au peuple de Dieu de faire mémoire de son propre statut de « déjà sauvé » par la Croix du Christ à travers les eaux du baptême.

Quand le *Kyrie eleison* est chanté, comme faisant partie de la préparation pénitentielle, chaque acclamation est précédée d'une intention (cf. *PGMR*, 52). Ce sont des propositions liées au temps liturgique et qui doivent être utilisées comme telles.

La prière des fidèles

Elle doit comporter des intentions qui demandent la miséricorde de Dieu et prient également pour les prêtres, premiers dispensateurs de ce don. Cette prière reflète les besoins réels de l'Église, du monde et de la commu-

1. Cf. *Présentation générale du Missel romain* (ci-après *PGMR*), 51.

nauté particulière qui célèbre. C'est pourquoi il ne convient pas d'utiliser des formulaires de prières des fidèles toutes faites autrement que comme trame générale. Les intentions doivent être la « vraie prière » d'une communauté vivante qui implore la miséricorde du Père par le refrain chanté.

Les prières eucharistiques pour la Réconciliation

Au cours de cette année, il sera bon de mettre en valeur, suivant les principes et les directives concernant les temps et les fêtes de l'année liturgique, les prières eucharistiques pour la Réconciliation I (la réconciliation comme retour vers le Père) et II (la réconciliation avec Dieu comme fondement de l'entente entre les hommes). Aussi bien dans la préface que dans le déroulement de l'anaphore, elles montrent avec clarté le mystère de l'eucharistie comme sacrifice de réconciliation et preuve suprême de la miséricorde du Père, signe de l'Alliance éternelle à vivre dans l'émerveillement et la joie du salut retrouvé.

Les messes en l'honneur de la Vierge Marie

Dans la tradition de l'Église comme dans la piété populaire, le samedi est normalement dédié à la mémoire de la bienheureuse Vierge Marie, au point de devenir « mémoire de sainte Marie ». Dans cette célébration, il convient de mettre en valeur certains aspects auxquels est davantage sensible la spiritualité contemporaine. Il s'agit en premier lieu du rappel de l'attitude maternelle et de disciple de la bienheureuse Vierge Marie qui, lors du « grand sabbat », quand le Christ était au tombeau, animée par la foi et l'espérance, était seule parmi les disciples à veiller la résurrection du Seigneur. Cette célébration est, en outre, « prélude » et « introduction » à la célébration du *Dies Domini,* fête primordiale et mémoire de la résurrection du Christ chaque semaine. Enfin, par son rythme hebdomadaire, elle est « signe » de la présence et de l'agir constant de la Vierge dans la vie de l'Église. Le *Missel romain* contient plusieurs formulaires pour la célébration de la messe en l'honneur de la bienheureuse Vierge Marie, durant la matinée des samedis du temps *per annum,* où l'on peut célébrer des mémoires facultatives. On pourra se référer aux *Messes en l'honneur de la Vierge Marie*[1] et en particulier aux préliminaires 34-36. De même, la Liturgie des heures, les samedis du temps *per annum* où cela est permis, contient une « mémoire de la Vierge Marie, le samedi ».

Quand le temps liturgique le permet, ou à l'occasion de mémoires de Marie qui n'ont pas de formulaire propre, on peut utiliser ceux des *Messes en l'honneur de la Vierge Marie*, surtout ceux qui évoquent davantage Marie comme premier témoin de l'amour et de la miséricorde du Père : « Il s'est penché sur son humble servante ; désormais tous les âges me diront bienheureuse » (Lc 1, 48).

On recommande donc plus particulièrement les formulaires suivants : *Sainte Marie, secours des chrétiens*, qui demande au Père, dans la prière après la communion, de quitter « ce qui ne peut que vieillir pour revêtir le Christ et vivre de sa vie » (*MHVM*, 42) ; *Sainte Marie, cause de notre joie*, dont le formulaire, nous faisant partager la joie de Marie, fille bien-aimée du Père, nous appelle à nous réjouir de la rencontre miséricordieuse avec le Père (*MHVM*, 34) ; *La Vierge Marie au pied de la Croix*, où nous demandons à

1. Ci-après *MHVM*.

Dieu de nous accorder « de quitter tout vieillissement dû au péché et de recevoir la vie éternelle obtenue par la rédemption du Christ » (*MHVM,* 12) ; *Sainte Marie, Ève nouvelle*, afin d'« éviter la dégradation du péché, pour saisir de grand cœur la nouveauté de l'Évangile » (*MHVM,* 20) ; *Sainte Marie, fontaine du salut* par qui le Père a « ouvert la source du salut » (*MHVM,* 31) ; *Sainte Marie, reine et mère de miséricorde*, « toujours attentive aux prières [des] serviteurs [de Dieu], elle implore pour eux [son] indulgence et le pardon de leurs péchés » *(MHVM,* 39) ; *la Vierge Marie, mère de la réconciliation*, au pied de la Croix « pour la réconciliation des pécheurs [...] et le pardon de nos fautes » (*MHVM,* 14) ; *Sainte Marie, mère de la grâce ou médiatrice de grâce*, avec qui nous demandons à Dieu qu'il transforme notre humble offrande « en sacrifice de la rédemption que le Christ nous a obtenue : qu'il nous réconcilie avec toi et soit pour nous la source du salut éternel » (*MHVM,* 30).

Les messes et oraisons pour diverses circonstances et les messes votives

Parmi les *Messes pour circonstances diverses* et les *Messes votives,* certaines font référence, explicitement ou implicitement, à la miséricorde de Dieu qui est de toujours à toujours pour ceux qui le servent (cf. Ps 102, 17). Parmi celles-ci, on peut considérer plus particulièrement *Pour la réconciliation, Pour demander le pardon des péchés, Pour favoriser l'union des cœurs,* ainsi que la *Messe du mystère de la Croix du Christ, du Christ Rédempteur ou du précieux sang, du Sacré-Cœur.*

III
PRIER ENSEMBLE

Pour célébrer la miséricorde du Seigneur, on ne peut oublier les prières qui accompagnent la vie chrétienne de nombreux fidèles, tout comme les lieux significatifs de la liturgie. Ils deviendront les moyens qui nous aideront à expérimenter et vivre davantage de la miséricorde de Dieu.

La Liturgie des heures

Au cours de cette Année jubilaire, il serait bon de promouvoir la célébration de la Liturgie des heures avec le peuple de Dieu, spécialement les temps importants que sont les laudes et les vêpres.

Il est beau que la prière quotidienne de l'Église commence par ces mots : « Dieu, viens à mon aide. Seigneur, à notre secours »

(Ps 69, 2). L'aide que nous implorons, c'est le premier pas de la miséricorde de Dieu envers nous. Il vient nous sauver de la condition de faiblesse où nous sommes. Son aide consiste à nous faire accueillir sa présence et sa proximité. Jour après jour, touchés par sa compassion, nous pouvons devenir à notre tour compatissants envers ceux que nous rencontrons sur notre chemin (cf. *MV,* 14). « D'une façon particulière, les psaumes font apparaître cette grandeur de l'agir divin : "Car il pardonne toutes tes offenses et te guérit de toute maladie ; il réclame ta vie à la tombe et te couronne d'amour et de tendresse" (Ps 102, 3-4). D'une façon encore plus explicite, un autre psaume énonce les signes concrets de la miséricorde : "Il fait justice aux opprimés ; aux affamés, il donne le pain ; le Seigneur délie les enchaînés. Le Seigneur ouvre les yeux des aveugles, le Seigneur redresse les accablés, le Seigneur aime les justes, le Seigneur protège l'étranger. Il soutient la veuve et l'orphelin, il égare les pas du méchant" (Ps 145, 7-9). Voici enfin une autre expression du psalmiste : "[Le Seigneur] guérit les cœurs brisés et soigne leurs blessures [...] Le Seigneur élève les humbles et rabaisse jusqu'à terre les impies"

(Ps 146, 3.6) » (*MV*, 6). En outre, les psaumes communiquent de façon exemplaire les sentiments et les dispositions du cœur de celui qui prie : action de grâce, attitude pénitentielle, appel à la miséricorde, louange et glorification.

Quand la liturgie le permet, en particulier dans les célébrations avec le peuple, on aimera choisir les psaumes qui mettent davantage en valeur la réconciliation et la miséricorde. Plusieurs sont suggérés par le pape François dans la bulle d'indiction du Jubilé : Ps 25, 50, 103, 146-147, 136. D'autres sont indiqués dans l'ouvrage *Les Psaumes de la Miséricorde*, publié par le Conseil pontifical pour la promotion de la nouvelle évangélisation, accompagnés d'une réflexion biblique qui peut être utile dans une catéchèse, pour montrer la beauté et la richesse de ces poèmes qui chantent à Dieu la prière.

Il serait bon que les psaumes soient chantés, pour qu'à travers la musique aussi transparaisse la mélodie de la miséricorde du Père dans l'harmonie de l'amour trinitaire. On pense d'abord au cantique de Marie, le *Magnificat* (Lc 1, 46-55), hymne à la miséricorde du Tout-Puissant : « Il s'est penché sur son humble servante [...], sa miséricorde s'étend d'âge en âge sur ceux qui le craignent [...] il relève Israël son serviteur, il se souvient de son amour » (Lc 1, 48a.50.54).

L'adoration eucharistique

L'Année sainte peut être l'occasion de valoriser l'adoration eucharistique dans les communautés, pour que, face à la présence sacramentelle du Seigneur, elles implorent le pardon et la paix. Tout en respectant le caractère général qui est le silence, on peut parfois l'accompagner de la lecture de passages de l'Écriture qui parlent de la miséricorde, ou de commentaires des Pères. Durant l'exposition, les prières, les chants, les lectures doivent être mis en place de telle sorte que la piété des fidèles soit orientée vers le Christ Seigneur[1].

Prière œcuménique et interreligieuse

Au paragraphe n° 23 de la bulle, le Saint-Père recommande qu'en cette Année sainte, on porte une attention particulière à la dimen-

1. Cf. *Rituel de l'Eucharistie en dehors de la messe*, 95.

sion œcuménique et interreligieuse. Dans l'attente que soient définitivement effacés jugements et *a priori*, vis-à-vis des Églises-sœurs et des autres confessions religieuses, recherchant l'unité, dans un respect réciproque et la paix des cœurs et des peuples : « La valeur de la miséricorde dépasse les frontières de l'Église. Elle est le lien avec le judaïsme et l'islam, qui la considèrent comme un des attributs les plus significatifs de Dieu… Que cette Année jubilaire, vécue dans la miséricorde, favorise la rencontre avec ces religions et les autres nobles traditions religieuses. Qu'elle nous rende plus ouverts au dialogue pour mieux nous connaître et nous comprendre. Qu'elle chasse toute forme de fermeture et de mépris. Qu'elle repousse toute forme de violence et de discrimination. »

Cinquante ans après *Nostra aetate*[1], nous sommes appelés à prier toujours davantage pour le don de l'unité entre chrétiens et pour la paix et la fraternité avec les membres des autres religions. Cette prière est comme synthétisée dans celle du Vendredi saint et son prolongement dans nos communautés,

1. Paul VI, Déclaration conciliaire sur les relations de l'Église avec les religions non chrétiennes *Nostra Aetate* (1965).

spécialement la semaine de prière pour l'unité des chrétiens. Il convient donc que dans chaque communauté chrétienne, il y ait des moments particuliers de prière pour implorer ce don de Dieu. On pourra aussi trouver, spécialement dans les cathédrales, des célébrations de la Parole avec les frères chrétiens des autres confessions et des moments de partage avec les autres religions. Il est important que les évêques favorisent de tels moments, avec le concours de personnes compétentes pour les organiser, de telle sorte qu'ils soient des occasions de manifester le respect et la joie qu'il y a à vivre ensemble, à prier les uns pour les autres, implorant la miséricorde du Tout-Puissant.

Pour aller plus loin dans la prière et implorer de Dieu le don de l'unité, qui atteindrait son sommet dans la participation à une unique eucharistie, on pourra utiliser, quand le temps liturgique le permet, les formulaires de la *Messe pour l'unité des chrétiens* ainsi que celui de *Sainte Marie, mère de l'unité* (*MHVM,* 38).

La piété populaire

Le bienheureux Paul VI, dans l'exhortation apostolique *Evangelii nuntiandi*[1], en référence à la piété populaire, s'exprime ainsi : « Elle traduit une soif de Dieu que seuls les simples et les pauvres peuvent connaître. Elle rend capable de générosité et de sacrifice jusqu'à l'héroïsme, lorsqu'il s'agit de manifester la foi. Elle comporte un sens aigu d'attributs profonds de Dieu : la paternité, la providence, la présence amoureuse et constante. Elle engendre des attitudes intérieures rarement observées ailleurs au même degré : patience, sens de la croix dans la vie quotidienne, détachement, ouverture aux autres, dévotion » (*EN*, 48). Le pape François fait mention de la même richesse dans *Evangelii Gaudium.* Il sera utile de se référer au *Directoire sur la piété populaire et la liturgie*, publié par la Congrégation pour le culte divin et la discipline des sacrements, qui mentionne de nombreuses expressions de la religiosité populaire en lien avec l'année liturgique.

1. 1975. Ci-après *EN*.

Le pèlerinage

Le pèlerinage est un des signes privilégiés de l'Année sainte. Il est l'icône du chemin parcouru par chacun au cours de sa vie. Pour rejoindre la Porte sainte à Rome ou la Porte de la Miséricorde ailleurs, chacun devra faire, selon ses moyens, un pèlerinage.

« Ce sera le signe que la miséricorde est un but à atteindre, qui demande engagement et sacrifice. Que le pèlerinage stimule notre conversion : en passant la Porte sainte, nous nous laisserons embrasser par la miséricorde de Dieu, et nous nous engagerons à être miséricordieux avec les autres comme le Père l'est avec nous » (*MV,* 14). Dans chaque diocèse, il sera bon qu'il y ait des pèlerinages, vers la cathédrale, ou vers d'autres sanctuaires chers à la piété chrétienne, où l'évêque ouvrira une Porte de la Miséricorde. Une partie du chemin pourra être effectuée à pied pour signifier le sacrifice et l'engagement à la conversion afin d'atteindre dans la joie le but : le Christ, notre Seigneur. Le pèlerinage peut être accompagné par la méditation de la Parole de Dieu et le chant des psaumes de la miséricorde, comme par exemple dans le livre *Les Psaumes de la Miséricorde.* On le sait : le pèlerinage est l'un des moments les plus favorables pour le peuple de Dieu pour s'approcher du sacrement de la Réconciliation. Les prêtres encourageront les fidèles en ce sens. Il convient que le nombre des confesseurs soit suffisant pour accueillir avec disponibilité les pénitents. Les prêtres seront conscients de l'important ministère qui est le leur d'absoudre les péchés et d'être les instruments de la miséricorde du Tout-Puissant dont ils sont les dispensateurs.

Le Jubilé comporte également le don de l'indulgence. Il est important de le rappeler au peuple de Dieu pour qu'il puisse faire l'expérience, avec les dispositions voulues, de la sainteté de l'Église qui fait de tout un chacun un bénéficiaire de la rédemption du Christ, afin que le pardon s'étende dans ses conséquences aussi loin que l'amour de Dieu.

La vénération du Christ crucifié

Au cours du Triduum pascal, le Vendredi saint, où l'on célèbre la Passion du Seigneur, est le jour par excellence de la vénération de la Croix.

La piété populaire aime à anticiper la vénération de la Croix, icône véritable de la miséricorde du Père et signe essentiel de cette

Année sainte. Au long du Carême, le vendredi qui, suivant l'antique tradition de l'Église, commémore la Passion du Christ, les fidèles se tournent volontiers vers le mystère de la Croix. En contemplant le Sauveur crucifié, ils saisissent le sens de la douleur, immense et injuste, que Jésus, saint et innocent, souffrît pour le salut de l'homme, le sens de son amour et l'efficacité de son sacrifice rédempteur.

Les diverses expressions de la dévotion envers le Christ crucifié prennent un relief particulier dans les églises consacrées au mystère de la Croix, ou dans celles dans lesquelles sont vénérées des reliques de la Sainte Croix[1]. On peut imaginer, au cours de l'Année sainte et en accord avec les temps liturgiques, quelques célébrations où seront lus des passages de la Passion du Seigneur. Les gestes ne manquent pas, comme les chants et les prières, l'ostension, la procession et la bénédiction avec la Croix. Ces moments pourront parfois être préparés par les nombreuses confraternités qui sont apparues justement pour animer les célébrations de la Sainte Croix, plus particulièrement là où sont vénérées des reliques du *lignum Crucis*.

1. Ou *lignum Crucis*.

« Il reste que la piété envers la Croix a toujours besoin d'être éclairée. Il faut donc montrer aux fidèles que la Croix se réfère avant tout à l'événement de la Résurrection : la Croix et le tombeau vide, la mort et la résurrection du Christ sont inséparables dans le récit évangélique et dans le plan de salut de Dieu. La foi chrétienne proclame que la Croix est l'expression tangible du triomphe du Christ sur le pouvoir des ténèbres ; c'est pourquoi elle est souvent représentée couverte de pierres précieuses, et elle est devenue un signe de bénédiction quand elle est tracée sur soi-même ou sur d'autres personnes, et sur des objets[1]. » C'est ainsi que, surtout pendant le Temps pascal, la croix pourra être mise en valeur et fleurie, pour exprimer la victoire du Christ sur la mort. Toutes les dévotions nées au sein du peuple de Dieu envers les différents aspects de la Passion du Christ – l'*Ecce homo,* le Christ tourné en dérision « avec la couronne d'épines et le manteau de pourpre » (Jn 19, 5), que Pilate montre au peuple ; les larmes du Seigneur, surtout la blessure du côté et le sang qui en jaillit (cf. Jn 19, 34) ; les instruments de la Passion, comme la colonne de la

1. *Directoire sur la piété populaire et la liturgie*, 128.

flagellation, la montée du prétoire, la couronne d'épines, les clous, la lance, le linceul de l'ensevelissement doivent exhaler tout à la fois un parfum de mort et de résurrection, signe de l'unique et indivisible mystère pascal.

Le chemin de Croix

Au cours des chemins de Croix de cette Année jubilaire, expression populaire de l'amour du Père, dévoilé dans le sacrifice du Fils, par amour de l'humanité, il faudra soigner le choix des lectures bibliques, des commentaires et des signes qui accompagneront les célébrations. En effet, différentes expressions caractéristiques de la spiritualité chrétienne se rencontrent dans la *via Crucis* : la conception de la vie comme chemin ou pèlerinage, comme passage à travers le mystère de la Croix, de l'exil terrestre à la patrie céleste, le désir de se conformer à la Passion du Christ, les exigences de la *sequela Christi*, où le disciple marche derrière le Maître en portant chaque jour sa propre croix (cf. Lc 9, 23).

La dévotion envers la bienheureuse Vierge Marie

En cette Année sainte, notre pensée ira tout spécialement à la Mère de miséricorde. La douceur de son regard nous accompagnera afin que tous puissent redécouvrir la joie de la tendresse de Dieu. Outre les célébrations propres de l'Année liturgique, le Saint-Père a voulu que le samedi 8 et le dimanche 9 octobre, liés à la mémoire de Notre-Dame du Rosaire, soient la célébration mariale de l'Année sainte. « Personne n'a connu comme Marie la profondeur du mystère de Dieu fait homme. Sa vie entière fut modelée par la présence de la miséricorde faite chair. La Mère du Crucifié ressuscité est entrée dans le sanctuaire de la miséricorde divine en participant intimement au mystère de son amour » (*MV*, 24).

Le chapelet de la bienheureuse Vierge Marie

Le chapelet est la façon la plus simple et la plus directe, transmise par la tradition de la piété populaire, pour invoquer la miséricorde de Dieu à travers l'intercession de la Vierge Marie. La récitation du chapelet est souvent accompagnée d'un passage de l'Écriture ou d'un commentaire tiré des Pères de l'Église ou d'auteurs spirituels. Au cours de cette Année, il sera bon que le choix des passages reflète le visage maternel de celle qui, la première, a expérimenté la miséricorde du Père qui « s'est penché sur son humble servante ». « Adressons-lui l'antique, et toujours nouvelle, prière du *Salve Regina,* puisqu'elle ne se lasse jamais de poser sur nous un regard miséricordieux, et nous rend dignes de contempler le visage de la miséricorde, son Fils Jésus » (*MV,* 24). On n'oubliera pas non plus l'intercession des saints à travers la litanie sous différentes formes. Surtout au cours des pèlerinages, « l'Église vit la communion des saints. Dans l'Eucharistie, cette communion, qui est don de Dieu, est rendue présente comme une union spirituelle qui lie les croyants avec les saints et les bienheureux dont le nombre est incalculable (cf. Ap 7, 4). Leur sainteté vient au secours de notre fragilité, et la Mère Église est ainsi capable, par sa prière et sa vie, d'aller à la rencontre de la faiblesse des uns avec la sainteté des autres » (*MV,* 22).

Il sera également utile de mettre en valeur les litanies de la Divine Miséricorde.

La vénération envers Notre-Dame des Douleurs

En raison de son importance doctrinale et pastorale, il ne faudra pas oublier la *Mémoire de Notre-Dame des Douleurs* le 15 septembre. Associée de façon admirable à la Passion de son fils, proche de lui sur la Croix (cf. Jn 19, 25-27), Marie est la première bénéficiaire de la rédemption et de la miséricorde du Tout-Puissant, dans le sacrifice du Christ, en raison de son immaculée conception. Marie, reine de clémence, connaissant mieux que personne la miséricorde de Dieu (cf. préface du formulaire *Sainte Marie, reine et mère de miséricorde*) et témoin de la miséricorde divine, intercède pour nous auprès de son Fils pour obtenir miséricorde. C'est pourquoi la troisième édition typique du *Missel romain* suggère que le *Stabat Mater* accompagne le rite de vénération de la Croix le Vendredi saint. Cet hymne peut également être repris en d'autres occasions, surtout pendant un chemin de Croix, présenté et expliqué aux fidèles de telle sorte qu'apparaisse le contenu profond de la foi. En plus des processions mariales, spécialement pendant le Carême ou le Vendredi saint, d'autres manifestations de la piété populaire existent dans plusieurs régions du monde : le *Planctus*

Mariae, intense expression de la douleur, parfois soutenu par des expressions littéraires ou musicales de valeur, où la Vierge pleure non seulement la mort de son Fils, mais aussi l'égarement du peuple et le péché de l'humanité. L'*Ora della Desolata*, appelée aussi *El pésame* dans certains lieux d'Amérique latine où, à travers des expressions de dévotion, les fidèles « tiennent compagnie » à la Mère du Sauveur, dans une douleur où tout l'univers souffre de la mort du fils. De tels exercices ne doivent pas seulement exprimer des sentiments humains face à une mère douloureuse, mais dans la foi en la résurrection, ils doivent aider à comprendre la grandeur de l'amour rédempteur du Christ et la participation de sa Mère, afin d'apprendre d'elle comment demeurer sous le poids des croix des hommes et des femmes de notre temps.

Le chapelet de la Divine Miséricorde

En lien avec l'octave de Pâques et les messages de sainte Faustine Kowalska, on a vu apparaître peu à peu une dévotion à la miséricorde divine prodiguée par le Christ mort et ressuscité, dispensateur de l'Esprit qui pardonne les péchés et redonne la joie d'être sauvé. C'est de là que vient la pratique de la récitation du chapelet de la Divine Miséricorde chez de nombreux fidèles aujourd'hui et qui pourrait être proposée aux fidèles en cette Année sainte. Le 3 avril 2016, dimanche de la Divine Miséricorde, le Saint-Père François accueillera tous les fidèles qui font de la miséricorde leur programme de vie, dans les associations ou les instituts de vie consacrée. Nous sommes appelés, avec nos communautés et le pape François, à tourner notre regard et notre prière vers Dieu. Comme le pape l'écrit : « Que notre prière s'étende aussi à tant de saints et de bienheureux qui ont fait de la miséricorde la mission de leur vie. Cette pensée s'adresse en particulier à la grande apôtre de la miséricorde, sainte Faustine Kowalska. Elle qui fut appelée à entrer dans les profondeurs de la miséricorde divine, qu'elle intercède pour nous et nous obtienne de vivre et de cheminer toujours dans le pardon de Dieu et dans l'inébranlable confiance en son amour » (*MV,* 24). Cependant, « puisque la liturgie du “deuxième dimanche de Pâques ou de la divine miséricorde” – comme il est désormais appelé – constitue le réceptacle naturel où s'exprime l'accueil de la miséricorde du Rédempteur de l'homme, les fidèles doivent donc être éduqués à comprendre une telle dévotion à la lumière des célébrations liturgiques de ces jours de Pâques. En effet, "le Christ de Pâques est l'incarnation définitive de la miséricorde, son signe vivant : signe du salut à la fois historique et eschatologique". Dans le même esprit, la liturgie du temps pascal met sur nos lèvres les paroles du psaume : "Je chanterai sans fin les miséricordes du Seigneur" (Ps 89 [88], 2)[1]. »

Prière pour le Jubilé de la Miséricorde

On n'oubliera pas que le pape a voulu composer une prière spéciale à l'occasion de l'Année sainte (voir p. 129). Il sera bon de dire cette *Prière pour le Jubilé de la Miséricorde* aussi bien en communauté que seul. Elle sera un signe d'unité entre les communautés du monde au moment où elles implorent la miséricorde du Seigneur, afin que cet événement porte des fruits de conversion et de rencontre du Père.

1. *Directoire sur la piété populaire et la liturgie*, 154.

Les lieux de la célébration

Dans le contexte du Jubilé, plusieurs lieux de la célébration ont une grande importance, en particulier l'autel, la porte, le baptistère, le lieu du sacrement de la Réconciliation ou le confessionnal. L'histoire nous l'apprend : la mystagogie qui s'en dégage est significative auprès des fidèles. Davantage qu'une catéchèse verbale, l'image et l'iconographie ont joué un grand rôle dans l'initiation des catéchumènes aux mystères de la foi.

L'autel

L'importance de l'autel est grande tout au long de l'année liturgique, comme centre sacramentel de l'Église, lieu du sacrifice du Christ et du banquet eucharistique. En cette Année sainte, il s'éclaire d'une façon particulière. L'autel devient le lieu de convergence, non seulement de la sacramentalité de l'Église, mais aussi de l'infinie miséricorde du Père, qui se manifeste sous plusieurs aspects, et qui trouve dans le sacrifice du Fils sa parfaite expression salvifique.

C'est pourquoi, même si tous les lieux liturgiques sont importants, l'autel l'est davantage que d'autres. On fera en sorte que sa décoration sobre (fleurs, nappe, cierges, etc.) manifeste le grand mystère célébré, auquel renvoie également le crucifix, unique, disposé à proximité de l'autel et en relation avec lui. Que tous les fidèles apprennent à respecter cet autel, en évitant de le recouvrir ou d'y disposer des objets qui n'ont rien à y faire. Faut-il rappeler que l'autel n'est pas le lieu d'où guider la célébration ni proclamer les lectures ? D'autres lieux existent pour cela, comme le siège et l'ambon, l'autel demeurant le lieu de la liturgie eucharistique et de l'anaphore. Il ne doit pas être habité sans cesse par la présence du célébrant ou d'autres ministres. À travers les mouvements d'un lieu liturgique à un autre, c'est la fonction mystagogique de la liturgie qui se déploie pour que les fidèles soient initiés aux mystères de la foi par des signes sensibles.

La porte

Alors que l'entrée est l'espace qui exprime l'accueil maternel de l'Église, la porte représente le Christ, « porte » du troupeau (cf. Jn 10, 7). C'est ce que l'on devrait pouvoir comprendre en regardant la porte d'entrée, surtout dans les lieux où ce sera la Porte de la Miséricorde. À travers sa majesté, tout autant que son ornementation, la porte doit être simplement et noblement expressive. On pourra donc mettre en valeur ce lieu par la décoration, mais aussi à travers les processions et les célébrations sacramentelles, comme par exemple l'accueil dans le *Rituel du Baptême*, la procession d'entrée de la messe, l'accueil des époux dans le *Rituel du Mariage*, l'accueil du cercueil dans la *Célébration des obsèques.*

Le baptistère

Dans le baptistère, la Mère Église enfante de nouveaux enfants en les immergeant dans les eaux du mystère pascal du Christ. Le lieu du baptistère doit être mis en valeur pendant l'Année jubilaire, afin de rappeler aux baptisés la dignité de fils de Dieu à laquelle le Père les a appelés. Qu'il évoque la mémoire du vêtement blanc du baptême que le nouveau chrétien revêt le jour de sa renaissance. Qu'il rappelle aussi l'« anneau » de la dignité royale reçue par chaque confirmé par l'action de l'Esprit Saint. On n'oubliera pas non plus les « chaussures » du prophète, dont les oreilles et la bouche ont été passées au charbon ardent de la miséricorde de Dieu, appelé à annoncer la bonté du Père et sa patience envers l'homme et son péché.

Quant à la décoration, la plus adaptée au baptistère est certainement la lumière (le cierge pascal sera placé à ses côtés, lorsque cela est prévu par le temps liturgique, même quand il n'y a pas de baptême) avec des fleurs qui évoquent la vie et la renaissance. Il convient que le baptistère soit accessible et aisément repérable par les fidèles même lorsqu'il n'est pas utilisé.

Le lieu de la pénitence

La célébration du sacrement de la Réconciliation a besoin d'un lieu accueillant et adapté. En lien avec le lieu de l'assemblée, il doit faciliter la célébration d'une liturgie pénitentielle et le dialogue entre pénitent et ministre, en respectant la discrétion requise. Ce lieu doit être accueillant et permettre la célébration du sacrement jusque dans le confessionnal. Il faut en outre que le lieu soit en relation avec la Parole de Dieu, de telle sorte que les pénitents puissent s'approcher de la Parole de Dieu, « lieu » d'où naît une véritable conversion.

On soulignera le rapport entre la pénitence et le baptistère qui est la porte du salut. Si le Baptême est le sacrement dans lequel tout chrétien est immergé dans le salut opéré par le mystère pascal du Christ, à travers la Réconciliation, qui est comme la deuxième ancre du salut, le pécheur retrouve la dignité d'enfant de Dieu et de sauvé.

La communion spirituelle

Depuis longtemps, des fidèles, particulièrement ceux qui n'ont pas accès à l'Eucharistie pour différentes raisons, pratiquent la communion spirituelle de façon à être chaque jour unis avec le Seigneur. Plusieurs saints recommandent cette façon de faire. Sainte Thérèse d'Avila écrit à l'une de ses sœurs : « Les jours où vous entendez la messe sans communier sacramentellement, faites une communion spirituelle, vous le pourrez toujours et vous en retirerez le plus grand fruit ; vous pourrez aussi vous recueillir et rester au-dedans de vous. L'amour de notre Seigneur s'imprime ainsi merveilleusement dans nos âmes[1]. » Saint Alphonse-Marie de Liguori exhorte les fidèles à pratiquer la communion spirituelle plusieurs fois par jour, surtout lors de visites au Saint-Sacrement. Selon le saint, deux choses sont

1. *Le Chemin de la perfection*, 35, 1.

nécessaires pour la recevoir : la première est l'ardent désir de recevoir Jésus-Sacrement, la deuxième est un élan d'amour comme si on l'avait déjà reçu[1]. Saint Jean Bosco, quant à lui, rappelle : « Si vous ne pouvez communier sacramentellement, faites au moins une communion spirituelle qui consiste en un ardent désir de recevoir Jésus dans votre cœur[2]. » À la suite du concile Vatican II, une telle pratique spirituelle est indiquée pour vivre chaque jour la proximité avec le Seigneur : « Toutefois, la grâce du Rédempteur ne peut manquer aux fidèles ou aux communautés qui, en raison de persécutions ou du manque de prêtres, sont privés pour quelque temps ou même longuement de la célébration de la sainte Eucharistie. Si, animés profondément par le désir du sacrement et unis dans la prière avec toute l'Église, ils invoquent le Seigneur et élèvent vers lui leurs cœurs, par la force de l'Esprit Saint ils vivent en communion avec l'Église, Corps vivant du Christ, et avec le Seigneur lui-même. Grâce au désir du sacrement en union avec l'Église, pour autant qu'ils

1. Cf. *Œuvres ascétiques*, vol. I.

2. G.B. Lemoyne, *Mémoires biographiques de Jean Bosco*, vol. III.

soient loin extérieurement, ils sont intimement et réellement unis à elle et par conséquent reçoivent les fruits du sacrement, tandis que ceux qui cherchent à s'attribuer indûment le droit d'accomplir le mystère eucharistique finissent par refermer sur elle-même leur propre communauté[1] ». Saint Jean Paul II a des paroles fortes à ce sujet : « L'Eucharistie apparaît donc comme le sommet de tous les sacrements car elle porte à sa perfection la communion avec Dieu le Père, grâce à l'identification au Fils unique par l'action du Saint-Esprit. Avec une foi pénétrante, l'un des grands auteurs de la tradition byzantine exprimait cette vérité à propos de l'Eucharistie : "Ainsi ce mystère est parfait, à la différence de tout autre rite, et il conduit à la cime même des biens, puisque là se trouve aussi la fin suprême de tout effort humain. Car c'est Dieu lui-même que nous rencontrons en lui, et Dieu s'unit à nous de l'union la plus parfaite." C'est précisément pour cela qu'il est opportun de cultiver dans les cœurs le désir

1. Congrégation pour la doctrine de la foi, Lettre à tous les évêques de l'Église catholique sur quelques questions concernant le ministre de l'Eucharistie *Sacerdotium Ministeriale* (1983), 3.

constant du sacrement de l'Eucharistie. C'est ainsi qu'est née la pratique de la "communion spirituelle", heureusement répandue depuis des siècles dans l'Église et recommandée par de saints maîtres de vie spirituelle » (*EE*, 34).

IV
LECTIO DIVINA

Miséricordieux comme le Père

La Parole de Dieu… est entendue

[Jésus disait :] « Un homme avait deux fils. Le plus jeune dit à son père : “Père, donne-moi la part de fortune qui me revient.” Et le père leur partagea ses biens. Peu de jours après, le plus jeune rassembla tout ce qu’il avait, et partit pour un pays lointain où il dilapida sa fortune en menant une vie de désordre. Il avait tout dépensé, quand une grande famine survint dans ce pays, et il commença à se trouver dans le besoin. Il alla s’engager auprès d’un habitant de ce pays, qui l’envoya dans ses champs garder les porcs. Il aurait bien voulu se remplir le ventre avec les gousses que mangeaient les porcs, mais personne ne lui donnait rien. Alors il rentra en lui-même et se dit : “Combien d’ouvriers de mon père ont du pain en abondance, et moi, ici, je meurs de faim ! Je me lèverai, j'irai vers mon père, et je lui dirai : Père, j'ai péché contre le ciel et envers toi. Je ne suis plus digne d'être appelé ton fils. Traite-moi comme l'un de tes ouvriers." Il se leva et s'en alla vers son père. Comme il était encore loin, son père l'aperçut et fut saisi de compassion ; il courut se jeter à son cou et le couvrit de baisers. Le fils lui dit : "Père, j'ai péché contre le ciel et envers toi. Je ne suis plus digne d'être appelé ton fils."

« Mais le père dit à ses serviteurs : "Vite, apportez le plus beau vêtement pour l'habiller, mettez-lui une bague au doigt et des sandales aux pieds, allez chercher le veau gras, tuez-le, mangeons et festoyons, car mon fils que voilà était mort, et il est revenu à la vie ; il était perdu, et il est retrouvé." Et ils commencèrent à festoyer. Or le fils aîné était aux champs. Quand il revint et fut près de la maison, il entendit la musique et les danses. Appelant un des serviteurs, il s'informa de ce qui se passait. Celui-ci répondit : "Ton frère est arrivé, et ton père a tué le veau gras, parce qu'il a retrouvé ton frère en bonne santé."

« Alors le fils aîné se mit en colère, et il refusait d'entrer. Son père sortit le supplier.

Mais il répliqua à son père : “Il y a tant d’années que je suis à ton service sans avoir jamais transgressé tes ordres, et jamais tu ne m’as donné un chevreau pour festoyer avec mes amis. Mais, quand ton fils que voilà est revenu après avoir dévoré ton bien avec des prostituées, tu as fait tuer pour lui le veau gras !” Le père répondit : “Toi, mon enfant, tu es toujours avec moi, et tout ce qui est à moi est à toi. Il fallait festoyer et se réjouir ; car ton frère que voilà était mort, et il est revenu à la vie ; il était perdu, et il est retrouvé !” » (Lc 15, 11-32.)

… est méditée

« À cette époque, la loi juive prévoyait que le premier-né reçoive les deux tiers de l’héritage, et le plus jeune un tiers (Dt 21, 17). Le père remet à son jeune fils ce qui lui revient, sans discuter. Alors que le plus jeune gaspille sa part d’héritage en menant une vie dissolue dans une région lointaine, la plus grande partie du patrimoine est protégée et administrée par le fils aîné. Il semble juste et équitable d’imaginer que le plus jeune fils, s’il retourne à la maison, ne pourra plus prétendre à quoi que ce soit vis-à-vis de son père et de son grand frère. Au mieux, la faute grave du plus jeune pourra être pardonnée, mais certainement pas oubliée ! Quand bien même le père oublierait cette triste parenthèse, il y aurait toujours le frère aîné pour le rappeler à tous les deux. La loi de la rétribution serait ainsi respectée : celui qui accomplit le bien est récompensé par le bien, celui qui a fait le mal est récompensé par le mal.

« La parabole transgresse de fond en comble la loi de la distribution patrimoniale, dévoilant l'amour démesuré du père. Le père n'attend pas les deux fils en restant à la maison, il ne vérifie pas si le plus jeune fait réellement amende honorable, il ne demande pas où est passée la part d'héritage, mais il organise une fête avec de la musique et des danses. On comprend alors encore moins la réaction du père avec le fils aîné : il n'attend pas qu'il revienne des champs, où il travaillait pour le compte de la famille, il ne lui demande pas son avis sur la manière de réagir avec le plus jeune. La parabole révèle le visage plus humain de Dieu, plutôt en excès qu'en défaut : Dieu ne manque pas d'humanité, il aurait plutôt trop d'humanité !

« Bien loin de la logique du père, qui dépasse la loi de la distribution de l'héritage, les deux frères ne réussissent pas à aller plus loin que la logique de donner pour recevoir. Le plus jeune fils reçoit la part d'héritage qui lui revient, la gaspille avec des prostituées et décide de revenir à la maison lorsqu'il est à bout de forces. Le plus jeune ne revient pas à la maison parce qu'il s'est repenti mais parce qu'il n'a pas d'autre issue. Il ne peut alors imaginer au mieux que d'être traité comme l'un des nombreux serviteurs de la maison de son père ; ce n'est pas le repentir qui le motive mais plutôt la faim !

« Le fils aîné est bloqué, lui aussi, dans la logique de la rétribution : il a servi le père pendant tant d'années, sans jamais transgresser l'un de ses commandements, qu'il s'attendait à recevoir au moins un chevreau pour pouvoir festoyer avec ses amis. Devant la compassion du père, l'aîné lui reproche d'avoir transgressé le principe de la rétribution ; il ne parvient pas à considérer le fils de son père comme son propre frère et le définit simplement comme : "ton fils que voilà". Enfermer le père dans les limites de la rétribution ne permet pas de reconnaître sa paternité ni la fraternité avec les autres[1]. »

1. Cf. Conseil pontifical pour la promotion de la nouvelle évangélisation, *Les Paraboles de la Miséricorde* (2015, dans cette même collection).

… est priée

Psaume 50 [51]

3Pitié pour moi, mon Dieu, dans ton amour,
selon ta grande miséricorde, efface mon péché.
4Lave-moi tout entier de ma faute,
purifie-moi de mon offense.

5Oui, je connais mon péché,
ma faute est toujours devant moi.
6Contre toi, et toi seul, j'ai péché,
ce qui est mal à tes yeux, je l'ai fait.

Ainsi, tu peux parler et montrer ta justice,
être juge et montrer ta victoire […].

10Fais que j'entende les chants et la fête :
ils danseront, les os que tu broyais.
11Détourne ta face de mes fautes,
enlève tous mes péchés.

12Crée en moi un cœur pur, ô mon Dieu,
renouvelle et raffermis au fond de moi
    mon esprit.
13Ne me chasse pas loin de ta face,
ne me reprends pas ton esprit saint.

[14]Rends-moi la joie d'être sauvé ;
que l'esprit généreux me soutienne.
[15]Aux pécheurs, j'enseignerai tes chemins ;
vers toi, reviendront les égarés.

Psaume 24 [25]

[4]Seigneur, enseigne-moi tes voies,
fais-moi connaître ta route.
[5]Dirige-moi par ta vérité, enseigne-moi,
car tu es le Dieu qui me sauve.

C'est toi que j'espère tout le jour
en raison de ta bonté, Seigneur.
[6]Rappelle-toi, Seigneur, ta tendresse,
ton amour qui est de toujours.
[7]Oublie les révoltes, les péchés de ma jeunesse ;
dans ton amour, ne m'oublie pas.

Qui est mon prochain ?

La Parole de Dieu… est entendue

« Et voici qu'un docteur de la Loi se leva et mit Jésus à l'épreuve en disant : "Maître, que dois-je faire pour avoir en héritage la vie éternelle ?" Jésus lui demanda : "Dans la Loi, qu'y a-t-il d'écrit ? Et comment lis-tu ?" L'autre répondit : "Tu aimeras le Seigneur ton Dieu de tout ton cœur, de toute ton âme, de toute ta force et de toute ton intelligence, et ton prochain comme toi-même."

« Jésus lui dit : "Tu as répondu correctement. Fais ainsi et tu vivras."

« Mais lui, voulant se justifier, dit à Jésus : "Et qui est mon prochain ?"

« Jésus reprit la parole : "Un homme descendait de Jérusalem à Jéricho, et il tomba sur des bandits ; ceux-ci, après l'avoir dépouillé et roué de coups, s'en allèrent, le laissant à moitié mort. Par hasard, un prêtre descendait par ce chemin ; il le vit et passa de l'autre côté. De même un lévite arriva à cet endroit ; il le vit et passa de l'autre côté. Mais un Samaritain, qui était en route, arriva près de lui ; il le vit et fut saisi de compassion. Il s'approcha, et pansa ses blessures en y versant de l'huile et du vin ; puis il le chargea sur sa propre monture, le conduisit dans une auberge et prit soin de lui. Le lendemain, il sortit deux pièces d'argent, et les donna à l'aubergiste, en lui disant : 'Prends soin de lui ; tout ce que tu auras dépensé en plus, je te le rendrai quand je repasserai.' Lequel des trois, à ton avis, a été le prochain de l'homme tombé aux mains des bandits ?" Le docteur de la Loi répondit : "Celui qui a fait preuve de pitié envers lui."

Jésus lui dit : “Va, et toi aussi, fais de même” » (Lc 10, 25-37.)

… est méditée

« Comme d’habitude, les personnages de la parabole sont anonymes ; Jésus peut alors focaliser l’attention sur leur identité religieuse et ethnique. Jésus évoque une situation lointaine : il n’est pas encore parvenu à Jéricho, dans son voyage vers Jérusalem, et il pense déjà à un homme qui revient de la cité sainte et descend à Jéricho. La route qui reliait les deux villes (environ 27 kilomètres) était dangereuse parce qu’elle traversait le Wadi Qelt. Alors que Jérusalem se situe à 750 mètres d’altitude, Jéricho est à 400 mètres en dessous du niveau de la mer. La parabole l’évoque bien : il faut “descendre” de Jérusalem pour atteindre Jéricho. Jésus raconte que des bandits dépouillent un homme et l’abandonnent à moitié mort. La condition d’un mourant indique un point névralgique de la parabole. Peut-on entrer en contact avec un moribond ? Ne risque-t-on pas d’être contaminé ?

« Ce n’est pas un hasard s’il y a trois personnages qui, chacun à sa manière, sont concernés par la question du culte pour le Dieu unique :

un prêtre qui monte vers Jérusalem pour le service du Temple ou qui en revient ; un lévite qui fait partie de la classe sacerdotale mais peut également ne pas exercer le service cultuel ; et un Samaritain. À ce moment, on est perdu car la triade habituelle comprend le prêtre, le lévite et l'Israélite (Dt 18, 1 ; 27, 9). La présence du Samaritain est dérangeante car, selon la mentalité juive, il est impur, considéré comme un étranger. Dans le dialogue entre Jésus et la Samaritaine, il est question de la raison principale du désaccord entre les deux peuples : où faut-il monter pour adorer Dieu ? À Jérusalem ou bien sur le mont Garizim ? (Jn 4, 20).

« Selon la Loi de Moïse, quiconque touche un cadavre est impur pendant une semaine ; s'il est contaminé et accomplit un acte cultuel, il doit être expulsé d'Israël (Nb 19, 11-13). Cette norme vaut tout particulièrement pour un prêtre, même lorsqu'il s'agit d'un mort dans sa famille (Lv 21, 1-4). Il s'agit donc d'une situation limite où le prêtre et le lévite sont devant une alternative : observer des règles de pureté cultuelle ou bien assister un mourant. Il faut préciser toutefois que les normes cultuelles n'excusent pas le prêtre et le lévite puisque, dans des situations identiques à celle de la parabole, eux aussi sont tenus de secourir l'homme à moitié mort ; pourtant, et l'un et l'autre le voient et passent leur chemin…

« Le tournant de la parabole se réalise lorsque le Samaritain "fut saisi de compassion" pour l'homme à moitié mort (v. 33) ; à tel point que le docteur de la Loi reconnaît que le prochain est "celui qui a fait preuve de pitié envers lui" (Lc 10, 37). Arrêtons-nous sur le verbe qui exprime la compassion du Samaritain. Le verbe "compatir" (*splanchnízomai*) vient du substantif *splánchna* qui désigne, en grec, les entrailles de l'homme, y compris le cœur. Au temps de Jésus, on voyait dans les entrailles le lieu de l'expression des sentiments : l'amour, la compassion et la miséricorde. Le Samaritain ne se contente pas de regarder le mourant, il se sent impliqué au plus intime de lui-même ; c'est la compassion viscérale qui met en œuvre tout ce qui est possible pour sauver l'homme.

« La véritable compassion n'est pas un sentiment mais plutôt une action qui conduit à prendre soin de l'autre. Veillant aux détails, Jésus raconte comment le Samaritain soigne l'homme à moitié mort : il s'approche de lui, désinfecte et panse ses blessures, le charge sur sa monture, le conduit à l'auberge et prend soin de lui. Une fois la première nuit passée, la plus délicate, le Samaritain estime que l'homme est vivant et donne deux pièces d'argent à l'aubergiste, ce qui correspond à deux journées de travail. Prenant congé afin de poursuivre son voyage, il garantit à l'aubergiste qu'il paiera à son retour les autres dépenses éventuelles.

« Du début à la fin, on ne dit rien de l'homme à moitié mort : on ne parle ni de son origine ni de son statut social. Toute l'attention est portée sur celui qui prend soin de lui, jusqu'à payer de sa personne. La véritable compassion se compromet pour le bien ; celui qui la met en œuvre est toujours gagnant, malgré la perte de temps et d'argent. Saint Ambroise de Milan le commente fort bien : "Ce n'est pas la parenté qui rend proche mais mais la compassion" (*Traité sur l'Évangile de saint Luc 7,* 84)[1]. »

1. Cf. *Les Paraboles de la Miséricorde, ibidem.*

… est priée

Psaume 40 [41]

2 Heureux qui pense au pauvre et au faible :
le Seigneur le sauve au jour du malheur !
3 Il le protège et le garde en vie,
heureux sur la terre.
Seigneur, ne le livre pas à la merci de l'ennemi !
4 Le Seigneur le soutient sur son lit de souffrance :
si malade qu'il soit, tu le relèves.

Psaume 141 [142]

2 À pleine voix, je crie vers le Seigneur !
À pleine voix, je supplie le Seigneur !
3 Je répands devant lui ma plainte,
devant lui, je dis ma détresse.

4 Lorsque le souffle me manque, toi,
tu sais mon chemin. *
Sur le sentier où j'avance, un piège m'est tendu.

5 Regarde à mes côtés, et vois :
personne qui me connaisse ! *
Pour moi, il n'est plus de refuge :
personne qui pense à moi !

6J'ai crié vers toi, Seigneur ! *
J'ai dit : « Tu es mon abri,
ma part, sur la terre des vivants. »

7Sois attentif à mes appels : je suis réduit à rien ;*
délivre-moi de ceux qui me poursuivent :
ils sont plus forts que moi.

8Tire-moi de la prison où je suis,
que je rende grâce à ton nom. *
Autour de moi, les justes feront cercle
pour le bien que tu m'as fait.

Ses péchés sont pardonnés puisqu'elle a montré beaucoup d'amour

La Parole de Dieu… est entendue

« Un pharisien avait invité Jésus à manger avec lui. Jésus entra chez lui et prit place à table. Survint une femme de la ville, une pécheresse. Ayant appris que Jésus était attablé dans la maison du pharisien, elle avait apporté un flacon d'albâtre contenant un parfum. Tout en pleurs, elle se tenait derrière lui, près de ses pieds, et elle se mit à mouiller de ses larmes les pieds de Jésus. Elle les essuyait avec ses cheveux, les couvrait de baisers et répandait sur eux le parfum. En voyant cela, le pharisien qui avait invité Jésus se dit en lui-même : “Si cet homme était prophète, il saurait qui est cette femme qui le touche, et ce qu’elle est : une pécheresse.” Jésus, prenant la parole, lui dit : “Simon, j’ai quelque chose à te dire. – Parle, Maître.” Jésus reprit : “Un créancier avait deux débiteurs ; le premier lui devait cinq cents pièces d’argent, l’autre cinquante. Comme ni l’un ni l’autre ne pouvait les lui rembourser, il en fit grâce à tous deux. Lequel des deux l’aimera davantage ?” Simon répondit : “Je suppose que c’est celui à qui on a fait grâce de la plus grande dette. – Tu as raison”, lui dit Jésus. Il se tourna vers la femme et dit à Simon : “Tu vois cette femme ? Je suis entré dans ta maison, et tu ne m’as pas versé de l’eau sur les pieds ; elle, elle les a mouillés de ses larmes et essuyés avec ses cheveux. Tu ne m’as pas embrassé ; elle, depuis qu’elle est entrée, n’a pas cessé d’embrasser mes pieds. Tu n’as pas fait d’onction sur ma tête ; elle, elle a répandu du parfum sur mes pieds. Voilà pourquoi je te le dis : ses péchés, ses nombreux péchés, sont pardonnés, puisqu’elle a montré beaucoup d’amour. Mais celui à qui on pardonne peu montre peu d’amour.” Il dit alors à la femme : “Tes péchés sont pardonnés.” Les convives se mirent à dire en eux-mêmes :

“Qui est cet homme, qui va jusqu’à pardonner les péchés ?” Jésus dit alors à la femme : “Ta foi t’a sauvée. Va en paix !” » (Lc 7, 36-50.)

… est méditée

« La passion de Jésus pour les pécheurs est remplie d’humanité et gratuite, sans aucune arrière-pensée. La parabole éclaire ce qui est en train de se vérifier dans la maison de Simon. Elle est tellement brève qu’elle est incisive et percutante ! Afin de ne pas révéler tout de suite l’impact de la parabole sur la situation, Jésus raconte le récit de deux débiteurs et de leur créancier. Comme d’habitude, Jésus ne donne pas de nom aux débiteurs et au créancier, concentrant l’attention sur le cœur du récit. Un unique créancier doit recevoir d’un premier débiteur cinq cents pièces d’argent et d’un second cinquante. La disproportion est importante car les cinquante pièces d’argent du second débiteur sont multipliées par dix pour parvenir à la somme du premier débiteur. Pour avoir une idée, cinquante pièces d’argent correspondent plus ou moins à deux mois de travail, alors que cinq cents pièces d’argent sont l’équivalent de deux années et demie de travail.

« Jésus précise que les deux débiteurs ne sont pas en mesure de restituer les sommes dues et que leur créancier leur en fait grâce. Aucune parole ne sort de la bouche des personnages de la parabole : il n'y a aucun dialogue entre les débiteurs et leur créancier. Toute l'attention se concentre sur le verbe : "il en fit grâce" qui met en valeur la grâce accordée aux débiteurs. C'est justement la grâce du créancier qui conduit Jésus à demander à Simon : "Lequel des deux l'aimera davantage ?"

« Simon ne se rend pas encore compte qu'il est mis en cause et répond sans ambages : c'est le débiteur à qui l'on a fait grâce de la plus grande dette qui aimera le plus le créancier. Sa réponse le démasque et l'accuse ! S'il avait été plus attentif à la parabole, il se serait rappelé que, puisque n'importe quel péché est une dette que l'on contracte, il n'y a que la grâce qui peut remettre la dette que nous avons tous à l'égard de Dieu. On voit que Simon ne parvient pas à dépasser le choc ressenti en voyant la grâce concédée par Jésus à la pécheresse.

« La parabole s'efface pour mettre la situation en lumière. Simon est comme le débiteur de deux mensualités de travail ; pourtant, il n'a pas versé d'eau sur les pieds de Jésus, il ne l'a pas embrassé, il ne lui a pas fait d'onction d'huile sur la tête. La pécheresse est comme le débiteur qui doit deux années et demie de travail : elle ne réussira jamais à solder sa dette. L'unique voie de sortie est la grâce pour tous les deux ! Le plus grand impact de la parabole sur la situation concerne le lien entre la rémission des péchés et l'amour de la pécheresse. Malheureusement, plusieurs traductions interprètent le verset 47 ainsi : "Ses nombreux péchés sont pardonnés parce qu'elle a montré beaucoup d'amour." En réalité, le texte original en grec exprime la conséquence de la rémission des péchés : "Ses nombreux péchés sont pardonnés de sorte qu'elle a montré beaucoup d'amour." S'il ne lui avait pas été remis une faute aussi grande, elle n'aurait pas été en mesure d'aimer ; la femme est capable d'aimer parce qu'il lui a été donné une grâce sans condition.

La deuxième partie de la réponse de Jésus confirme le primat de la grâce : "Celui à qui on pardonne peu montre peu d'amour" (v. 47). L'affirmation ancre la parabole dans la vie : celui qui n'est pas rejoint par l'amour gratuit de Dieu n'est pas en mesure de l'aimer[1]. »

---

1. Cf. *Les Paraboles de la Miséricorde, ibidem.*

… est priée

Psaume 24 [25]

15J'ai les yeux tournés vers le Seigneur :
il tirera mes pieds du filet.
16Regarde, et prends pitié de moi,
de moi qui suis seul et misérable.

17L'angoisse grandit dans mon cœur :
tire-moi de ma détresse.
18Vois ma misère et ma peine,
enlève tous mes péchés.

Psaume 41 [42]

2Comme un cerf altéré cherche l'eau vive, *
ainsi mon âme te cherche toi, mon Dieu.

3Mon âme a soif de Dieu, le Dieu vivant ; *
quand pourrai-je m'avancer,
    paraître face à Dieu ?

4Je n'ai d'autre pain que mes larmes,
    le jour, la nuit, *
moi qui chaque jour entends dire :
    « Où est-il ton Dieu ? »

5 Je me souviens, et mon âme déborde : *
en ce temps-là, je franchissais les portails !

Je conduisais vers la maison de mon Dieu
    la multitude en fête, *
parmi les cris de joie et les actions de grâce.

6 Pourquoi te désoler, ô mon âme,
    et gémir sur moi ? *
Espère en Dieu ! De nouveau je rendrai grâce :
    il est mon sauveur et mon Dieu !

Jubilé extraordinaire de la Miséricorde

RITE D'OUVERTURE DE LA PORTE DE LA MISÉRICORDE DANS LES ÉGLISES PARTICULIÈRES

---

13 DÉCEMBRE 2015

Troisième dimanche de l'Avent

RITE D'OUVERTURE DE LA PORTE DE LA MISÉRICORDE DANS LES ÉGLISES PARTICULIÈRES

13 décembre 2015

Troisième dimanche de l'Avent

Ce rite d'ouverture de la Porte de la Miséricorde dans les Églises particulières concerne les Églises de rite romain et les Églises de rites occidentaux non romaines ; l'autorité compétente pourra faire les adaptations nécessaires aux différentes cultures. S'ils le désirent, les pasteurs des Églises orientales pourront élaborer un rite d'ouverture adapté à leur tradition liturgique.

Le jour

1. Dans la bulle d'indiction *Misericordiae Vultus,* le Saint-Père François a décidé que l'Année sainte débuterait le 8 décembre 2015, solennité de l'Immaculée Conception de la bienheureuse Vierge Marie, avec l'ouverture de la Porte sainte de la basilique Saint-Pierre. Le dimanche suivant, 13 décembre, troisième de l'Avent, la Porte sainte sera ouverte dans la cathédrale de Rome, la basilique Saint-Jean de Latran. Par la suite, la Porte sainte sera ouverte dans les autres basiliques papales. En outre, le Saint-Père a établi : « Ce même dimanche, je désire que dans chaque Église particulière, dans la cathédrale qui est l'église-mère pour tous les fidèles, ou bien dans la co-cathédrale ou dans une église d'importance particulière, une Porte de la Miséricorde soit également ouverte pendant toute l'Année sainte. Au choix de l'ordinaire du lieu, elle pourra aussi être ouverte dans les sanctuaires où affluent tant de pèlerins qui, dans ces lieux, ont le cœur touché par la grâce et trouvent le chemin de la conversion » (*MV,* 3).

Le lieu

2. L'Eucharistie d'ouverture du Jubilé dans les Églises locales, avec l'ouverture de la Porte de la Miséricorde, sera unique et aura lieu dans la cathédrale. Cependant, et suivant les normes canoniques, elle pourra aussi être célébrée dans une co-cathédrale, le cas échéant.

Dans les autres églises ou sanctuaires déterminés par l'évêque, on ouvrira une Porte de la Miséricorde au cours d'une célébration eucharistique présidée par un délégué de l'évêque, au cours de laquelle on dira une prière appropriée auprès de la porte principale[1].

La nature de la célébration

3. Les éléments qui structurent le rite d'ouverture de la Porte de la Miséricorde en indiquent la nature et le contenu :

- le mystère de Dieu, riche en miséricorde et en compassion (Ep 2, 4 ; Jc 5, 11), révélé et mis en œuvre dans le Christ, visage de la miséricorde du Père (*MV,* 1)

1. Voir n°s 39 à 44.

et rendu sans cesse présent à travers le don de l'Esprit (Jn 20, 22-23) ;
- le Christ, unique porte vers le salut (cf. Jn 10, 9) et seul chemin qui conduit au Père (cf. Jn 14, 6) ;
- la marche incessante de l'Église vers « Jésus Christ, hier et aujourd'hui, [...] le même, [...] pour l'éternité » (He 13, 8).

Le célébrant

4. C'est l'évêque qui présidera toute la célébration. Le jour du Seigneur et la tradition ecclésiale l'exigent, tout comme la circonstance exceptionnelle de l'Année jubilaire. La messe du 13 décembre 2015 est conçue comme une messe stationnale[1]. C'est pourquoi, les prêtres concélébreront, surtout les proches collaborateurs de l'évêque ; les diacres, les acolytes et les lecteurs exerceront chacun leur ministère, et les fidèles sont largement invités à participer à la célébration.

1. Cf. *Cérémonial des évêques* (1998), 120.

Le signe spécifique de la célébration d'ouverture

5. Au sein de la célébration eucharistique, le signe spécifique du commencement de l'Année sainte extraordinaire est l'ouverture de la Porte de la Miséricorde et la procession d'entrée dans l'église locale – évêque, clergé, peuple – dans la cathédrale, église-mère de tous les fidèles. C'est là que le pasteur du diocèse exerce son ministère, célèbre les mystères divins, offre un sacrifice de louange et de supplication et guide la communauté ecclésiale.

6. La célébration s'articule autour de cinq moments :

- la *statio* dans une église ou un autre lieu approprié ;
- la procession ;
- l'ouverture de la Porte de la Miséricorde et l'entrée dans la cathédrale ;
- l'évocation du Baptême ;
- la célébration de l'Eucharistie.

La *statio*

7. Pour la *statio,* on choisira une église voisine de la cathédrale – ou un autre endroit approprié –, assez grande pour que l'on puisse y célébrer les rites d'entrée, ni trop loin ni trop près de la cathédrale, mais à une distance telle que l'on puisse faire une vraie procession.

8. Les étapes de la *statio* sont :

- le salut et la monition d'entrée ;
- la proclamation de la péricope évangélique ;
- la lecture du début de la bulle d'indiction *Misericordiae Vultus.*

La procession

9. La procession aura le caractère d'un pèlerinage, « signe particulier de l'Année sainte : il est l'image du chemin que chacun parcourt au long de son existence. » Il rappellera que « la miséricorde est un but à atteindre, qui demande engagement et sacrifice » (*MV,* 14).

10. Pour la procession, les psaumes les plus adaptés sont :

- le psaume 85 [86], qui chante la confiance, l'abandon total à Dieu et l'espérance de son intervention salvifique ;
- le psaume 24 [25], hymne à la bonté de Dieu, où le psalmiste trouve paix et sérénité.

La litanie des saints aussi, de part son antiquité et sa polyvalence, est particulièrement adaptée à la circonstance.

11. Dans la procession, on mettra en évidence l'Évangéliaire. Porté par le diacre, il est signe du Christ qui marche en avant de son peuple, et de sa Parole, lumière et guide pour ses disciples.

L'ouverture de la Porte de la Miséricorde et l'entrée dans la cathédrale

12. L'entrée dans la cathédrale se fera par la porte principale, éminent symbole christologique (cf. Jn 10, 7.9), et deviendra la Porte de la Miséricorde, qui rappellera le caractère de ce Jubilé extraordinaire. Avec les paroles du psaume 117, l'évêque demandera l'ouverture de la Porte, qui évoque l'entrée du cœur miséricordieux de Dieu, ouvert sur le côté du Christ en croix (cf. Jn 19, 34). C'est lui, la porte qui conduit au salut, comme le chante l'antienne inspirée de Jn 10, 9. L'entrée sera donc solennelle :

- la porte sera décorée de feuillages ou d'autres décorations propres aux habitudes locales, ou même, si cela est opportun, de signes christologiques ;
- on mettra en valeur l'arrêt sur le seuil de la porte : avant de l'ouvrir, l'évêque s'arrête, et, avec lui, toute la procession. L'arrêt permet l'ouverture de la porte et l'ostension de l'Évangéliaire, Parole de miséricorde, d'abord vers l'extérieur, puis vers l'intérieur de la cathédrale, au son du chant de l'antienne « Je suis la porte ».

13. Après l'arrêt sur le seuil de la porte, l'évêque, suivant l'Évangéliaire, se dirige vers l'autel avec les concélébrants et les ministres. Les fidèles se rendent à leur place. Pendant ce temps, on chante l'antienne d'ouverture du troisième dimanche de l'Avent ou un autre chant approprié.

Rappel du Baptême

14. Le sacrement de Baptême est la porte d'entrée dans la communauté-Église. Le rite de bénédiction et d'aspersion en constitue la mémoire vive. En effet, le Baptême est « le premier sacrement de l'Alliance nouvelle : par lui, les hommes qui ont donné leur foi au Christ et qui reçoivent l'Esprit d'adoption des fils sont appelés et sont vraiment fils de Dieu ; établis en communion avec le Christ par une mort qui ressemble à la sienne, ils deviennent membres de son corps ; empreints de l'onction de l'Esprit, ils sont le temple saint de Dieu et membres de l'Église, “la race choisie, le sacerdoce royal, la nation sainte, le peuple qui appartient à Dieu[1].” »

La célébration de l'Eucharistie

15. « La célébration de la messe, comme action du Christ et du peuple de Dieu organisé hiérarchiquement, est le centre de toute la vie chrétienne pour l'Église, aussi bien universelle que locale, et pour chacun des fidèles. C'est

1. *Livre des bénédictions* (1995), 832 (chap. XXV « Bénédiction d'un baptistère ou d'une nouvelle fontaine baptismale »).

en elle en effet que se trouve le sommet de l'action par laquelle Dieu, dans le Christ, sanctifie le monde, et du culte que l'humanité offre au Père, en l'adorant dans l'Esprit Saint par le Christ Fils de Dieu » (*PGMR*, 16). C'est pourquoi elle constitue le sommet de la célébration d'ouverture du Jubilé. Dans sa miséricorde, le Père vient en elle à la rencontre de tous ceux qui le cherchent "avec droiture". Il propose sans cesse à tous les hommes son alliance et nous donne l'avant-goût de l'éternité de son royaume "où nous pourrons, avec la création tout entière, enfin libérée du péché et de la mort, [le] glorifier[1]". »

Ce qu'il faut préparer

16. On préparera, dans la sacristie de l'église stationnale :

- les vêtements liturgiques requis par la célébration de la messe pour l'évêque, les prêtres concélébrants, les diacres et les autres ministres ;
- la chape, si l'évêque en a besoin pour la procession ;

1. Prière eucharistique IV.

- la croix de procession et les chandeliers ;
- l'Évangéliaire ;
- l'encensoir et l'encens.

On préparera, dans la sacristie de la cathédrale :

- le récipient avec l'eau à bénir et de quoi faire l'aspersion ;
- ce qui est nécessaire pour la célébration de la messe (cf. *PGMR*, 117-118).

RITE D'OUVERTURE DANS L'ÉGLISE STATIONNALE

17. Le troisième dimanche de l'Avent, ou au moment des premières vêpres, à l'heure convenue, les fidèles se rassemblent dans une église ou un lieu adapté, en dehors de la cathédrale (ou de la co-cathédrale) vers laquelle se dirigera la procession.

18. L'évêque, les prêtres concélébrants et les diacres, ayant revêtu les vêtements liturgiques de couleur violette (ou rose), se rendent à l'endroit où le peuple est rassemblé. À la place de la chasuble, l'évêque peut revêtir la chape, qu'il déposera après la procession.

19. Pendant que l'évêque et les ministres rejoignent leurs sièges, on chante l'Hymne du Jubilé. Il peut être accompagné par l'orgue ou d'autres instruments.

L'évêque, tourné vers le peuple, dit :
Au nom du Père,
et du Fils
et du Saint-Esprit.
Le peuple répond : *Amen.*

Il salue ensuite le peuple :
La miséricorde du Père,
la paix de Jésus notre Seigneur
et la communion de l'Esprit Saint
soient toujours avec vous.
Le peuple répond : *Et avec votre esprit.*

20. L'évêque invite à bénir et à louer Dieu[1] :
Le Seigneur pardonne toutes tes offenses
et te guérit de toute maladie.
℟ Éternelle est sa miséricorde.

Le Seigneur est tendresse et pitié,
lent à la colère et plein d'amour.
℟ Éternelle est sa miséricorde.

Comme la tendresse du père pour ses fils,
la tendresse du Seigneur pour qui le craint !
℟ Éternelle est sa miséricorde.

1. Cf. Ps 102.

Ou bien :
Béni sois-tu, ô Père,
toi seul as fait des merveilles,
éternel est ton amour[1] *!*
℟ Éternel est ton amour.

Béni sois-tu, Fils premier-né :
toi qui nous aimes, qui nous as délivrés
de nos péchés par ton sang[2]*.*
℟ Éternel est ton amour.

Béni sois-tu, Esprit Saint consolateur,
doux réconfort[3]*.*
℟ Éternel est ton amour.

21. L'évêque s'adresse ensuite au peuple par une brève exhortation en ces mots ou d'autres semblables :
Frères et sœurs bien-aimés,
le regard fixé sur Jésus
et sur son visage de miséricorde,
dans la solennité
de la bienheureuse Vierge Marie,
la toute sainte,
le Saint-Père a ouvert le Jubilé extraordinaire

1. Cf. Ps 135, 4.
2. Cf. Ap 1, 5.
3. Cf. séquence de la Pentecôte.

et ainsi la Porte de la Miséricorde de Dieu,
pour nous-mêmes et toute l'humanité.

En communion avec l'Église universelle,
cette célébration inaugure solennellement
l'Année sainte pour notre Église diocésaine,
afin d'expérimenter la grâce
et la réconciliation.
Nous écouterons dans la joie
l'Évangile de la miséricorde
que le Christ Seigneur,
agneau de Dieu qui enlève le péché du monde,
proclame au milieu des hommes
à toute créature,
nous invitant à vivre de son amour.

22. Après cette monition, l'évêque dit la prière suivante[1] :

Prions.
Dieu libre et saint,
tu veux faire de toute l'humanité
un peuple d'hommes libres :
Puisque tu offres à ton Église
une année de grâce et de bénédiction,
fais qu'elle accède à un surcroît de liberté
et soit un signe plus clair

1. Cf. *Messe pour la réconciliation, collecte du Temps pascal.*

de ton amour pour ce monde.
Par Jésus le Christ.
℟ *Amen.*

23. Vient ensuite la proclamation de l'Évangile par le diacre.

De l'Évangile selon saint Luc (15, 1-7)
Il y aura de la joie dans le ciel pour un seul pécheur qui se convertit.

En ce temps-là, les publicains et les pécheurs venaient tous à Jésus pour l'écouter. Les pharisiens et les scribes récriminaient contre lui : « Cet homme fait bon accueil aux pécheurs, et il mange avec eux ! » Alors Jésus leur dit cette parabole :

« Si l'un de vous a cent brebis et qu'il en perd une, n'abandonne-t-il pas les quatre-vingt-dix-neuf autres dans le désert pour aller chercher celle qui est perdue, jusqu'à ce qu'il la retrouve ? Quand il l'a retrouvée, il la prend sur ses épaules, tout joyeux, et, de retour chez lui, il rassemble ses amis et ses voisins pour leur dire : "Réjouissez-vous avec moi, car j'ai retrouvé ma brebis, celle qui était perdue !" Je vous le dis : c'est ainsi qu'il y aura de la joie dans le ciel pour un seul pécheur qui se

convertit, plus que pour quatre-vingt-dix-neuf justes qui n'ont pas besoin de conversion. »
Acclamons la Parole de Dieu.

24. Après l'Évangile, on peut rester un bref moment en silence. Ensuite, un lecteur lit le début de la bulle d'indiction du Jubilé extraordinaire.

De la bulle d'indiction du Jubilé extraordinaire de la Miséricorde *Misericordiae Vultus* (1-3)

Jésus Christ est le visage de la miséricorde du Père. Le mystère de la foi chrétienne est là tout entier. Devenue vivante et visible, elle atteint son sommet en Jésus de Nazareth. Le Père, « riche en miséricorde » (Ep 2, 4) après avoir révélé son nom à Moïse comme « Dieu tendre et miséricordieux, lent à la colère, plein d'amour et de vérité » (Ex 34, 6), n'a pas cessé de faire connaître sa nature divine de différentes manières et en de nombreux moments. Lorsqu'est venue la « plénitude des temps » (Ga 4, 4), quand tout fut disposé selon son dessein de salut, il envoya son Fils né de la Vierge Marie pour nous révéler de façon définitive son amour. Qui le voit a vu le Père (cf. Jn 14, 9). À travers sa parole, ses gestes, et toute sa personne, Jésus de Nazareth révèle la miséricorde de Dieu.

Nous avons toujours besoin de contempler le mystère de la miséricorde. Elle est source de joie, de sérénité et de paix. Elle est la condition de notre salut. Miséricorde est le mot qui révèle le mystère de la Sainte Trinité. La miséricorde, c'est l'acte ultime et suprême par lequel Dieu vient à notre rencontre. La miséricorde, c'est la loi fondamentale qui habite le cœur de chacun lorsqu'il jette un regard sincère sur le frère qu'il rencontre sur le chemin de la vie. La miséricorde, c'est le chemin qui unit Dieu et l'homme, pour qu'il ouvre son cœur à l'espérance d'être aimé pour toujours, malgré les limites de notre péché.

Il y a des moments où nous sommes appelés, de façon encore plus pressante, à fixer notre regard sur la miséricorde, afin de devenir nous aussi signe efficace de l'agir du Père. C'est la raison pour laquelle j'ai voulu ce Jubilé extraordinaire de la Miséricorde, comme un temps favorable pour l'Église, afin que le témoignage rendu par les croyants soit plus fort et plus efficace.

25. Après la lecture, le diacre ou un autre ministre donne l'envoi de la procession en disant :

Frères et sœurs,
mettons-nous en marche au nom du Seigneur :
il est le chemin qui nous conduit
dans cette année de grâce et de miséricorde.

Procession

26. L'évêque impose l'encens. La procession démarre vers la cathédrale (ou co-cathédrale) où la messe sera célébrée. En tête, le thuriféraire ; puis un diacre qui porte une croix de fête ; à ses côtés, les ministres avec les chandeliers, puis le diacre portant l'Evangéliaire, enfin l'évêque suivi des prêtres, des autres ministres, et des fidèles. Pendant la procession, le peuple et la *schola* chantent les antiennes et les psaumes proposés ici. On peut aussi chanter la litanie des saints ou un autre chant adapté.

Antienne
L'amour du Seigneur,
sans fin je le chante ;
ta fidélité, je l'annonce d'âge en âge.
Je le dis : C'est un amour bâti pour toujours ;
ta fidélité est plus stable que les cieux[1].

1. Ps 88 [89], 1-2.

Ou bien :
Heureux les miséricordieux
ils obtiendront miséricorde[1].

Ou bien :
La bonté du Seigneur est pour tous,
sa tendresse, pour toutes ses œuvres[2].

Du psaume 85 [86]
Écoute, Seigneur, réponds-moi,
car je suis pauvre et malheureux.
Veille sur moi qui suis fidèle, ô mon Dieu,
sauve ton serviteur qui s'appuie sur toi.

Prends pitié de moi, Seigneur,
toi que j'appelle chaque jour.
Seigneur, réjouis ton serviteur :
vers toi, j'élève mon âme !

Toi qui es bon et qui pardonnes,
plein d'amour pour tous ceux qui t'appellent,
écoute ma prière, Seigneur,
entends ma voix qui te supplie.

1. Mt 5, 7.
2. Ps 144 [145], 9.

Je t'appelle au jour de ma détresse,
et toi, Seigneur, tu me réponds.
Aucun parmi les dieux n'est comme toi,
et rien n'égale tes œuvres.

Toutes les nations, que tu as faites, viendront
    se prosterner devant toi *
et rendre gloire à ton nom, Seigneur,
car tu es grand et tu fais des merveilles,
toi, Dieu, le seul.

Montre-moi ton chemin, Seigneur, +
que je marche suivant ta vérité ;
unifie mon cœur pour qu'il craigne ton nom.

Je te rends grâce de tout mon cœur, Seigneur
    mon Dieu,
toujours je rendrai gloire à ton nom ;
il est grand, ton amour pour moi :
tu m'as tiré de l'abîme des morts.

Mon Dieu, des orgueilleux se lèvent
    contre moi, +
des puissants se sont ligués pour me perdre :
ils n'ont pas souci de toi.

Toi, Seigneur, Dieu de tendresse et de pitié, *
lent à la colère, plein d'amour et de vérité !

Regarde vers moi,
prends pitié de moi.
Donne à ton serviteur ta force,
et sauve le fils de ta servante.

Accomplis un signe en ma faveur ; +
alors mes ennemis, humiliés, *
verront que toi, Seigneur,
    tu m'aides et me consoles.

Ou bien :

Du psaume 24 [23]
Vers toi, Seigneur, j'élève mon âme, *
vers toi, mon Dieu.

Je m'appuie sur toi : épargne-moi la honte ;
ne laisse pas triompher mon ennemi.
[…]
Seigneur, enseigne-moi tes voies,
fais-moi connaître ta route.
Dirige-moi par ta vérité, enseigne-moi,
car tu es le Dieu qui me sauve.
[…]
Il est droit, il est bon, le Seigneur,
lui qui montre aux pécheurs le chemin.
Sa justice dirige les humbles,
il enseigne aux humbles son chemin.

Les voies du Seigneur sont amour et vérité
pour qui veille à son alliance et à ses lois.
À cause de ton nom, Seigneur,
pardonne ma faute : elle est grande.
[…]
Regarde, et prends pitié de moi,
de moi qui suis seul et misérable.

L'angoisse grandit dans mon cœur :
tire-moi de ma détresse.
Vois ma misère et ma peine,
enlève tous mes péchés.
[…]
Garde mon âme, délivre-moi ;
je m'abrite en toi : épargne-moi la honte.

Entrée dans la cathédrale

27. Quand on est arrivé à la porte de la cathédrale (ou co-cathédrale), la procession s'arrête. L'évêque acclame :

Ouvrez les portes de justice
nous entrerons,
nous rendrons grâce au Seigneur[1].

1. Cf. Ps 117 [118], 19.

28. Tandis que s'ouvre la porte, l'évêque poursuit :

Voici la porte du Seigneur :
entrons pour obtenir la miséricorde
et le pardon.

29. Le diacre remet l'Évangéliaire à l'évêque. Sur le seuil, l'évêque le tient élevé pendant qu'on chante l'antienne ci-dessous, ou un autre chant adapté. Pendant l'ostension de l'Évangéliaire, le diacre qui porte la croix de procession se tient près de l'évêque.

Antienne
Je suis la porte, dit le Seigneur.
Celui qui passera par moi sera sauvé ;
Il entrera et sortira ;
il trouvera un pâturage[1].

30. Après le chant de l'antienne, la procession redémarre vers l'autel : le thuriféraire, la croix et les chandeliers, l'évêque avec l'Évangéliaire, les prêtres, les autres ministres et les fidèles. Pendant ce temps, on chante l'antienne d'ouverture ou un autre chant adapté.

1. Cf. Jn 10, 9.

Antienne
Soyez toujours dans la joie du Seigneur ;
je le redis : soyez dans la joie.
Que votre bienveillance
soit connue de tous les hommes.
Le Seigneur est proche[1].

31. Parvenu à l'autel, l'évêque y dépose l'Évangéliaire. S'il a utilisé la chape, il la dépose et revêt la chasuble. Il vénère l'autel, l'encense, puis rejoint la cathèdre.

Rappel du Baptême

32. On apporte à l'évêque un récipient rempli d'eau. L'évêque invite à la prière en ces termes ou d'autres semblables :
Frères et sœurs bien-aimés,
supplions le Seigneur
pour qu'il bénisse cette eau.
Nous en serons aspergés
en mémoire de notre Baptême.
Qu'elle appelle sur nous
la miséricorde et le salut
en vertu de la résurrection de Jésus-Christ.

1. Ph 4, 4-5.

Tous prient en silence quelques instants.
L'évêque poursuit, les mains jointes[1] :

Seigneur, Dieu tout-puissant,
toi qui es la source et l'origine
de toute vie du corps et de l'âme,
nous te prions de bénir ✠ cette eau :
nous en usons avec confiance
pour implorer le pardon de nos fautes
et obtenir la protection de ta grâce
contre toute maladie
et contre les puissances du mal.
Dans ta miséricorde, Seigneur,
ne cesse pas de faire jaillir pour nous
les eaux vives du salut ;
nous pourrons alors nous approcher de toi
avec un cœur pur,
et nous soustraire aux périls
de l'âme et du corps.
Par Jésus, le Christ, notre Seigneur.
℟ *Amen.*

33. Après avoir pris lui-même de l'eau, l'évêque en asperge les concélébrants, les ministres et l'assemblée, en traversant la cathédrale. Pendant ce temps, on chante les antiennes suivantes ou d'autres chants adaptés.

1. Cf. *MR*, Rite de l'eau bénite, deuxième prière.

Antienne
Purifie-moi avec l'hysope, et je serai pur ;
lave-moi et je serai blanc, plus que la neige[1].

Ou bien :
Purifie-moi, Seigneur,
et je serai plus blanc que la neige.

Ou bien :
Je verserai sur vous une eau pure
et vous serez purifiés ;
je vous donnerai un cœur nouveau,
dit le Seigneur[2].

34. Revenu à la cathèdre, l'évêque dit :
Que Dieu tout-puissant nous purifie
de nos péchés
et, par la célébration de cette eucharistie,
nous rende dignes de participer un jour
au festin de son Royaume.
℟ *Amen.*

1. Ps 50 [51], 9.
2. Cf. Ez 36, 26-27.

35. L'évêque dit ou chante ensuite la prière[1].
Prions.
Tu le vois, Seigneur,
ton peuple se prépare à célébrer
la naissance de ton Fils ;
Dirige notre joie vers la joie
d'un si grand mystère :
pour que nous fêtions notre salut
avec un cœur vraiment nouveau.
Par Jésus, le Christ, notre Seigneur.
℟ *Amen.*

36. Après la prière, la messe se poursuit comme d'habitude.

Rites de conclusion

37. Avant la bénédiction solennelle, on indique aux fidèles les églises ou les sanctuaires où l'évêque a voulu que soit ouverte une Porte de la Miséricorde, où l'on pourra recevoir, au long de l'Année jubilaire extraordinaire, le don de l'indulgence. L'évêque dit :
Notre pensée se tourne maintenant
vers la Mère de Miséricorde.
Que la douceur de son regard

1. On ne dit pas le *Gloria*.

nous accompagne en cette Année sainte,
pour que tous puissent redécouvrir
la joie de la tendresse de Dieu.

L'assemblée invoque Marie, mère de Miséricorde, avec l'antienne *Salve Regina* ou *Alma Redemptoris Mater* ou une autre semblable.

On donne ensuite la bénédiction solennelle du temps de l'Avent.

38. Après la bénédiction, le diacre renvoie l'assemblée. Si on le juge opportun, il peut dire :

Soyez miséricordieux
comme le Père est miséricordieux.
Allez dans la paix du Christ.
℟ *Nous rendons grâce à Dieu.*

L'assemblée se disperse en louant et bénissant Dieu.

OUVERTURE DU JUBILÉ DANS L'ÉGLISE OU LE SANCTUAIRE CHOISI PAR L'ÉVÊQUE DIOCÉSAIN

39. Dans l'église ou le sanctuaire choisi par l'évêque diocésain pour qu'il y ait une Porte de la Miséricorde, le délégué de l'évêque préside la célébration eucharistique du troisième dimanche de l'Avent. Au début de la célébration, celui qui préside se rend près de la porte principale de l'église ou du sanctuaire. Après le chant d'entrée, il commence la célébration avec le signe de la croix et la salutation prévue au n° **19** (p. 97). Il invite à bénir et à louer Dieu avec la formule du n° **20** (p. 98).

Après les invocations, il dit la prière suivante :

Prions.
Nous te bénissons, Seigneur, père très saint,
toi qui as envoyé ton Fils en ce monde

pour rassembler, au prix de son sang,
les hommes que le péché avait dispersés,
et pour être le pasteur et la porte
de ceux qui entreraient dans l'unique bercail.
Ainsi, si quelqu'un entre par lui, il sera sauvé,
il pourra aller et venir
et il trouvera un pâturage[1].
C'est pourquoi, nous te supplions, Seigneur :
donne à tes fidèles qui franchiront cette porte,
d'être accueillis par ta présence
et de faire l'expérience de ta miséricorde
de Père.
Par Jésus, le Christ, notre Seigneur.
℟ *Amen.*

40. Après la prière, le célébrant introduit le rite de l'aspersion avec ces paroles ou d'autres semblables :

Frères et sœurs bien-aimés,
l'année de la miséricorde
qu'a voulue le Saint-Père
invite chacun de nous à faire l'expérience
de la grâce et de la réconciliation.

1. Cf. *Livre des bénédictions*, (1995), 956 (chap. XXVII, « Bénédiction d'une nouvelle porte d'église »).

En recevant cette eau bénite,
faisons ensemble mémoire de notre baptême.
Invoquons la miséricorde et le salut
que Jésus nous a obtenus par sa résurrection.

41. Après cette monition, il se dirige avec les ministres vers l'autel en aspergeant le peuple d'eau bénite. Pendant ce temps, on chante l'antienne du n° **33** (p. 111) ou un autre chant adapté.

42. Après avoir vénéré l'autel, il l'encense et se rend au siège, où il prononce la formule prévue au n° **34** (p. 112).

43. La messe continue comme d'habitude avec la prière d'ouverture.

44. À la fin de la messe, il peut renvoyer l'assemblée avec la formule indiquée au n° **38** (p. 114).

Jubilé extraordinaire de la Miséricorde

CÉLÉBRATION DE CLÔTURE DU JUBILÉ EXTRAORDINAIRE DANS LES ÉGLISES PARTICULIÈRES

---

13 novembre 2016

Trente-troisième dimanche du Temps ordinaire

CÉLÉBRATION DE CLÔTURE DU JUBILÉ EXTRAORDINAIRE DANS LES ÉGLISES PARTICULIÈRES

13 NOVEMBRE 2016

Trente-troisième dimanche du Temps ordinaire

Préambule

Ce rite pour la *célébration de clôture du Jubilé extraordinaire dans les Églises particulières* concerne les Églises de rite romain et les Églises de rites occidentaux non romaines ; l'autorité compétente pourra faire les adaptations nécessaires aux différentes cultures. S'ils le désirent, les pasteurs des Églises orientales pourront élaborer un rite adapté à leur tradition liturgique.

Le jour

1. Dans la bulle *Misericordiae Vultus,* le pape François a décidé que l'Année sainte se terminerait le 20 novembre 2016, solennité du Christ, Roi de l'univers, avec la fermeture de la Porte sainte de la basilique Saint-Pierre. Dans les Églises locales, le jubilé se terminera le 13 novembre, trente-troisième dimanche du Temps ordinaire.

Le lieu

2. L'Eucharistie de clôture du Jubilé dans les diocèses sera unique et se déroulera dans la cathédrale.

Dans les autres églises ou sanctuaires où l'évêque diocésain avait choisi que soit ouverte une Porte de la Miséricorde, une célébration eucharistique d'action de grâce, présidée par un délégué de l'évêque, sera célébrée.

Le célébrant

3. C'est l'évêque qui présidera toute la célébration. Le Jour du Seigneur et la tradition ecclésiale l'exigent. Les prêtres y concélébreront, surtout les proches collaborateurs de l'évêque ; les diacres, les acolytes et les lecteurs exerceront chacun leur ministère, et les fidèles sont largement invités à participer à la célébration. Si la célébration de clôture dans la co-cathédrale a lieu en même temps, elle sera présidée par un délégué de l'évêque.

La célébration de l'Eucharistie

4. La célébration de la clôture du Jubilé extraordinaire est essentiellement constituée par la célébration eucharistique du jour du Seigneur. Si l'évêque le juge opportun, il pourra utiliser le formulaire *Pour rendre grâce*, dans les *Messes pour intentions et circonstances diverses* du *Missel romain.* Les lectures seront celles du trente-troisième dimanche du Temps ordinaire de l'année C.

Action de grâce

5. À la suite de la prière après la communion, l'évêque remercie Dieu pour les bienfaits de l'Année jubilaire, et invite l'assemblée à rendre grâce au Seigneur. Le *Magnificat*, chant d'action de grâce de la Vierge Marie, est particulièrement adapté.

Rites d'ouverture

6. Les fidèles se rassemblent dans la cathédrale pour la célébration de la messe du trente-troisième dimanche du Temps ordinaire.

7. Quand le peuple est rassemblé, l'évêque, les prêtres concélébrants et les diacres, ayant revêtu les vêtements liturgiques de couleur verte, entrent en procession. La *schola* et le peuple s'unissent par le chant du Jubilé.

8. L'évêque, après avoir vénéré l'autel et s'être rendu à la cathèdre, dit :
Au nom du Père,
et du Fils
et du Saint-Esprit.
Le peuple répond : *Amen.*

Il salue ensuite le peuple :
La miséricorde du Père,
la paix de Jésus notre Seigneur
et la communion de l'Esprit Saint
soient toujours avec vous.
Le peuple répond : *Et avec votre esprit.*

9. L'évêque introduit la célébration par ces paroles ou d'autres semblables :

Frères et sœurs bien-aimés,
nous voici au terme de l'Année jubilaire.
Nous avons vécu un temps extraordinaire
de grâce et de miséricorde.
En cette eucharistie,
nous voulons élever vers le Père
notre chant de louange
et notre action de grâce pour les dons reçus.
Une fois encore,
avant de célébrer ce sacrement,
demandons à Dieu
le baume de la miséricorde,
reconnaissons-nous pécheurs,
et pardonnons-nous les uns aux autres
de tout notre cœur.

10. Après un bref moment de silence, le diacre ou un autre ministre dit ou chante les invocations suivantes :

Seigneur, toi qui nous as demandé
de pardonner avant de nous approcher
de ton autel,
Seigneur, prends pitié.
℟ *Seigneur, prends pitié.*
(ou bien : *Kyrie, eleison.*)

Ô Christ, tu as invoqué sur la Croix
le pardon pour les pécheurs,
Ô Christ, prends pitié.
℟ *Ô Christ, prends pitié.*
(ou bien : *Christe, eleison.*)

Seigneur, toi qui as confié à ton Église
le ministère de la Réconciliation,
Seigneur, prends pitié.
℟ *Seigneur, prends pitié.*
(ou bien : *Kyrie, eleison.*)

11. L'évêque conclut :
Que Dieu tout-puissant
nous fasse miséricorde,
qu'il nous pardonne nos péchés
et nous conduise à la vie éternelle.
℟ *Amen.*

12. On chante ensuite le *Gloria* et la messe se poursuit comme d'habitude.

Rites de conclusion

13. Après la prière après la communion, l'évêque invite les fidèles à rendre grâce pour les bénéfices spirituels de l'Année jubilaire. Il le fait en ces termes ou d'autres semblables :

Frères et sœurs,
rendons grâce dans la joie à Dieu
le Père de notre Seigneur Jésus-Christ,
puisqu'en cette année de grâce
il nous a bénis des bénédictions spirituelles,
aux cieux dans le Christ.
Il a donné à tous
un temps de grâce et de conversion.

Exprimons notre joie et note gratitude
avec les paroles de la Vierge Marie,
notre mère.
En chantant la miséricorde de Dieu
qui s'étend d'âge en âge,
demandons-lui de continuer
de la répandre sur le monde
comme une rosée du matin.

14. L'évêque et l'assemblée chantent le *Magnificat.*

15. À la fin du chant, le diacre dit :
Inclinez-vous pour la bénédiction.

16. Puis l'évêque, les mains étendues vers le peuple, dit la prière suivante :
Montre-nous, Seigneur, ta miséricorde,
et reste auprès de ton peuple

qui te reconnaît comme son pasteur
et son guide.
Restaure ta création,
et, l'ayant renouvelée, protège-la.
Par le Christ.
℟ *Amen.*
Et que la bénédiction du Dieu tout-puissant
Père, Fils ✠, et Saint-Esprit
descende sur vous et y demeure à jamais.
℟ *Amen.*

17. Après la bénédiction, le diacre renvoie l'assemblée. Si on le juge opportun, il peut dire :

Soyez miséricordieux
comme le Père est miséricordieux.
Allez dans la paix du Christ.
℟ *Nous rendons grâce à Dieu.*

L'assemblée se disperse en louant et bénissant Dieu.

PRIÈRE POUR LE JUBILÉ DE LA MISÉRICORDE

Seigneur Jésus Christ,
toi qui nous as appris à être miséricordieux
comme le Père céleste,
et nous as dit que te voir, c'est le voir.
Montre-nous ton visage, et nous serons sauvés.
Ton regard rempli d'amour
a libéré Zachée et Matthieu de l'esclavage de l'argent,
la femme adultère et Madeleine,
de la quête du bonheur à travers les seules créatures ;
tu as fait pleurer Pierre après son reniement,
et promis le paradis au larron repenti.
Fais que chacun de nous écoute cette parole
dite à la Samaritaine comme s'adressant à nous :
Si tu savais le don de Dieu !

Tu es le visage visible du Père invisible,
du Dieu qui manifesta sa toute-puissance
par le pardon et la miséricorde :
fais que l'Église soit, dans le monde, ton visage visible,
toi, son Seigneur ressuscité dans la gloire.

Tu as voulu que tes serviteurs soient, eux aussi, habillés
de faiblesse
pour ressentir une vraie compassion
à l'égard de ceux qui sont dans l'ignorance et l'erreur :
fais que quiconque s'adresse à l'un d'eux
se sente attendu, aimé, et pardonné par Dieu.

Envoie ton Esprit et consacre-nous tous de son onction
pour que le Jubilé de la Miséricorde
soit une année de grâce du Seigneur,
et qu'avec un enthousiasme renouvelé,
ton Église annonce aux pauvres la Bonne Nouvelle,
aux prisonniers et aux opprimés la liberté,
et aux aveugles qu'ils retrouveront la vue.

Nous te le demandons
par Marie, Mère de la Miséricorde,
à toi qui vis et règnes avec le Père et le Saint-Esprit,
pour les siècles des siècles.

Amen.

Francesco

TABLE DES MATIÈRES

CÉLÉBRATION DE CLÔTURE DU JUBILÉ EXTRAORDINAIRE DANS LES ÉGLISES PARTICULIÈRES 119

Certifié PEFC

Ce produit est issu de forêts gérées durablement et de sources contrôlées.

PEFC 10-31-1470

pefc-france.org

Achevé d'imprimer en octobre 2015 par la SEPEC - France
N° d'impression : 10435151004 - N° d'édition : 15318
Dépôt légal : novembre 2015

IMPRIM'VERT®